우리 품에 돌아온 문화재

일러두기

1. 책 제목·화첩·일간지 등은 《 》,
   글 제목·개별 회화·전시회 등은 〈 〉로
   표기하였다.

2. 유물 및 회화 설명은 작품 이름, 작가, 시대,
   재질, 크기, 소장처, 문화재 지정 현황 등의
   순서로 표기하였다. 크기는 cm를 기본으로
   세로×가로(×높이)를 원칙으로 하였다.

우리 품에 돌아온 문화재

국외소재문화재재단 엮음

눌와

소중한 유산, 아름다운 이야기

우리의 근현대사는 우리 역사상 유례없는 혼란과 시련의 시기였습니다. 특히 19세기 후반 열강의 침탈과 20세기 초 식민통치를 겪는 동안 수많은 문화재들이 약탈과 도난, 훼손 등의 위험에 처하며 온갖 수난을 겪기도 했습니다. 이 책은 이처럼 혼란의 소용돌이 속에, 혹은 우리의 무지와 무관심 속에 국외로 반출된 문화재와 다시 되찾기까지 그 과정과 의미를 널리 소개하고자 펴내게 되었습니다.

국외소재문화재재단은 앞서 2013년 국외 한국 문화재의 환수 사례들을 엮은 《우리 품에 돌아온 문화재》 초판을 발행하였습니다. 당시 이 책은 많은 독자들의 사랑을 받았으며, 문화체육관광부의 '세종도서 교양부문'에 선정되기도 했습니다. 그러나 그 이후 고국으로 돌아온 문화재 가운데 새롭게 추가된 것들과 기존의 사례 가운데 일부 변경된 내용을 보완할 필요가 있어 다시 개정 증보판을 펴냈습니다.

이 책의 발간 목적은 다음과 같습니다. 우선 그간 불확실한 사실에 근거해 구전처럼 떠돌던 문화재 환수 이야기를 보다 구체적인 사실 관계에 입각해 확인하고 소개하고자 합니다. 이를 통해 우리가 잘 몰랐거나, 잘못 알고 있었던 사실들을 올바로 알리고 바로잡을 수 있기를 바랍니다. 다음은 문화재 환수 과정의 사례를 유형별로 분류해 소개함으로써 그 가운데 교훈과 시사점을 찾고자 합니다. 이를 통해 국내외 많은 이들의 오랜 노고 끝에 다시 돌아온 문화재 속 각별한 의미를 다 함께 되새겨 보고자 합니다. 끝으로 환수 문화재의 역사적, 예술적, 학술적 가치와 의미를 이해하기 쉽게 소개하고자 합니다. 문화재에 대한 지속적인 관심과 애정

만이 나라 안팎에서 문화재를 돌보며 지켜갈 수 있기 때문입니다.

　이 책에 소개된 나라 밖 문화재의 환수 사례는 전문가들이 특별히 골라 뽑고 추천한 것들입니다. '반드시 잊지 말고 다 같이 기억해야 할 이야기', '시대와 국경을 초월해 감동을 전해주는 이야기', '우리 세대뿐만 아니라 다음 세대에게도 물려주어야 할 이야기' 등을 소개함으로써 그 속에 깃든 의미도 독자들과 함께 나누고 생각해보자는 취지에 따른 것입니다. 환수된 문화재의 가치는 물론 각각의 이야기를 품고 있는 문화재 환수 사례도 각별하기 때문입니다.

　올해는 때마침 국외소재문화재재단이 창립 10주년을 맞는 해입니다. 이 책에 소개된 일부 환수 사례는 재단의 지난 10년 활동 성과를 대표하는 것이기도 합니다. 재단은 지금까지와 마찬가지로 불법부당하게 국외로 반출된 문화재에 대해서는 끝까지 포기하지 않고 지속적인 환수 노력을 기울일 것입니다. 또한 가치가 큰 문화재는 국내외 가용한 모든 자원을 동원해 고국의 품으로 무사히 돌아올 수 있도록 최선을 다할 것입니다.

　그간 재단과 함께 문화재 환수를 위해 함께 노력해 온 국내외 많은 기관, 단체, 관계자들에게 이 자리를 빌려 깊은 감사의 마음을 전합니다. 또한 각각의 환수사례를 꼼꼼히 짚어 엄선해준 전문가 자문단과 국내외 자료 수집 및 현장 인터뷰 등을 종합해 집필에 애써 준 박종분 작가의 노고에도 감사의 뜻을 전합니다. 이제 우리 품에 돌아온 문화재들을 온전히 보존하는 것은 우리의 몫으로 남았습니다. 소중한 문화재 못지않게 아름다운 이야기도 우리 시대의 유산으로 함께 기억되길 바랍니다.

2022년 11월
국외소재문화재재단 이사장 김정희

1

멋지지 아니한가,
'걸작'의 176년

추사 김정희 〈세한도〉와 서화류

태평양전쟁이 막바지에 이른 1944년, 미국은 일본의 주요 도시들을 맹렬히 폭격했습니다. 연일 계속된 공습으로 일본의 여러 도시가 아수라장이 되었습니다. 언제 폭탄을 맞을지 누구도 모르는 급박한 상황이었습니다.

　　나이 마흔둘의 중년 신사 소전素筌 손재형孫在馨, 1903~1981이 후지쓰카 지카시[藤塚鄰, 1879~1948]를 찾아 도쿄로 향합니다. 후지쓰카는 '추사에 미쳐 있다'고 할 정도로 추사秋史 김정희金正喜, 1786~1856를 추앙했습니다. 청나라 경학經學과 고증학을 연구한 그는 청나라 고증학의 연구 방법을 받아들여 금석학 연구에 일가를 이룬 추사 김정희에 주목했습니다. 방방곡곡을 돌아다니며 추사의 자료를 모으고 연구하면서 추사의 학문과 예술에 더욱 매료되었고, 자신이 추사의 학문 정신과 계보를 잇는다는 자부심을 가졌습니다. 국내외를 통틀어 추사 김정희에 관한 한 당대 최초이자 최고의 학자라는 인정을 받았지요. 그런 후지쓰카가 노령으로 병석에 누워 있었습니다.

〈한겨울 지나 봄 오듯-세한·평안 : 세한도 특별전〉
2020년 11월 24일부터 2021년 4월 4일까지 국립중앙박물관에서 열린 세한도 기증 특별전으로
전체 길이 14미터가 넘는 세한도 두루마리가 모두 펼쳐졌다.

추사 김정희 〈세한도〉와 서화류

去年以晚學大雲二書寄來 今年又以
藕耕文編寄來 此皆非世之常有 購之
千萬里之遠 積有年而得之 非一時
之事也 且世之滔滔 惟權利之是趨 爲之
費心費力如此 而不以歸之權利 乃歸
之海外蕉萃枯槁之人 如世之趨權利
者 太史公云 以權利合者 權利盡而交
疎 君亦世之滔滔中一人 其有趨趨於權利之外
不以權利視我耶 太史公之言非耶
孔子曰 歲寒然後知
松柏之後凋 松柏是毋四時而不凋者
歲寒以前一松柏也 歲寒以後一松柏
也 聖人特稱之於歲寒之後 今君之於
我 由前而無加焉 由後而無損焉 然
前之君無可稱 後之君亦可見稱於
聖人也耶 聖人之特稱 非徒爲後凋之
貞操勁節而已 亦有所感發於歲寒之
時者也 烏乎 西京淳厚之世 以汲鄭之
賢 賓客與之盛衰 如下邳榜門迫切之
極矣 悲夫 阮堂老人書

———
〈세한도〉
김정희, 조선 1844년, 종이에 수묵, 23.0×108.3cm, 국립중앙박물관 소장, 국보.

손재형은 후지쓰카를 찾아가 인사를 하고 아무 말 없이 물러
나옵니다. 그리고 다음 날 아침 다시 후지쓰카를 찾아가 문안 인사
를 하고 되돌아 나옵니다. 매일 문안 인사만 반복하기를 일주일,
후지쓰카는 손재형의 의중을 알아차립니다.

"위험하니 한시바삐 돌아가시오."

하루에도 수차례 울리는 공습경보의 위험을 모르는 바 아니지
만, 손재형에게는 하늘에서 떨어지는 폭탄보다 더 두려운 것이 있
었습니다. 후지쓰카가 세상을 뜨고 나면, 손에 닿지 않는 더 먼 곳
으로 가버릴 것만 같은 서화 한 점에 마음이 온통 사로잡혀 있었습
니다.

"내 눈을 감기 전에는 내놓을 수 없소. 하지만 세상을 뜰 때에

는 아들에게 유언해 그대 앞으로 보내줄 터이니 이제 그만 돌아가
시오."

　　손재형은 머리를 조아릴 뿐 말없이 후지쓰카의 방을 물러나왔
습니다. 문안 인사는 열흘간 더 계속되었습니다.

　　그러던 어느 날, 후지쓰카 지카시는 아들 후지쓰카 아키나오
를 부릅니다.

　　"손 선생에게 건네거라."

　　후지쓰카는 그의 열정에 감복하였다며, 손재형이야말로 이
그림을 간직할 자격이 있는 이라고 인정하였습니다.

　　"부디 잘 지켜주시오."

위험 속에서 간절히 청해온 〈세한도〉, 소전 손재형

마침내 손재형은 그토록 간절히 원하던 서화 한 점을 가지고 서울
로 돌아왔습니다. 그가 목숨을 아끼지 않고, 무릎도 꿇어가며 소장
한 서화 한 점이 바로 추사 김정희의 〈세한도歲寒圖〉입니다.

19세기를 대표하는 서예가가 추사 김정희라면, 소전 손재형
은 20세기를 대표하는 서예가로 꼽히는 분입니다. 그는 글씨의 리
듬감을 살려 한자뿐만 아니라 한글로도 독창적인 서체를 완성했지
요. 그의 글씨 스타일을 '소전체'라 부릅니다. 그의 업적 가운데 주
목할 만한 것이 있습니다. 바로 '서예書藝'라는 우리 용어를 만들어
낸 것입니다. 중국에서는 '서법書法', 일본에서는 '서도書道'라고 합니
다. 우리나라는 일제강점기에는 일본의 영향으로 서도라는 말을
사용했지만 해방 후에는 손재형의 제안에 따라 서예라는 말을 쓰
고 있습니다.

서예가인 손재형은 서화 수집가로도 이름이 높았습니다. 서

예가였던 만큼 서화에 대한 감식안이나 수집에 대한 집념을 따를 자가 없었습니다. 게다가 그는 진도의 만석꾼이자 해운회사와 목포극장을 운영하는 실업가로 재력까지 갖추고 있었으니 서화 수집에 남달리 전념할 수 있었지요.

추사, 청나라 문사들을 사로잡다

손재형이 소장하게 된 〈세한도〉는 추사 예술의 최고 명작이자 우리나라 문인화文人畫의 최고봉으로 꼽히는 작품입니다. '세상에 추사를 모르는 사람도 없지만 아는 사람도 없다'고 할 만큼 추사 김정희의 예술과 삶의 깊이는 남다릅니다.

　추사 김정희는 7세에 '입춘대길立春大吉'이라는 글씨를 대문에 써 붙여 세간에 신동이라는 소문이 자자했습니다. 증조할아버지 김한신은 영조의 둘째 딸과 결혼하였고, 할아버지 김이주와 아버지 김노경 또한 높은 관직에 올랐습니다. 당대 최고의 가문에서 태어나 학예까지 뛰어났던 그는 24세에 생원시에 합격하고, 아버지가 동지부사로 중국 연경[北京, 베이징]에 갈 때 동행해 당대 제일의 학자인 옹방강, 완원 등과 교류하며 '경술문장해동제일經術文章海東第一'이라는 찬사까지 얻습니다.

　그러나 순탄할 것만 같았던 그의 인생 행보에도 위기가 닥칩니다. 55세 때의 일입니다. 세도정치가 극에 달했던 당시, 세도 가문 안동 김씨와 풍양 조씨의 세력 다툼에 휘말려 누명을 쓰게 된 추사는 변방 중의 변방 제주로 유배를 가게 됩니다. 유배라는 정신

추사 적거지
김정희가 제주도에서
유배 생활을 하던 곳이다.
제주도 서귀포시
대정읍에 있다.

적 고난에 제주의 낯선 풍토와 음식, 잦은 질병으로 육체적 고통까지 더해진 절망적 상황에 빠졌지만, 그럼에도 불구하고 추사는 높은 경지의 예술적 성취를 이뤄냅니다.

추사가 제주 유배 중에 완성한 서화 가운데 가장 이름난 작품이 〈세한도〉입니다. 제주에서 유배 생활을 한 지 5년이 되던 1844년 추사는 자신의 안위를 걱정하고 보살피며 귀한 책을 보내준 제자 우선藕船 이상적李尙迪, 1804~1865에게 〈세한도〉를 그려 보답합니다. 그림 옆에는 고마움을 전하며 글도 써 넣었습니다.

…… 그대는 많은 고생을 하여 겨우 손에 넣은 그 책들을 권세가에게 기증하지 않고 바다 바깥에 있는 초췌하고 초라한 나에게 보내주었도다. …… 공자께서 말씀하시길 "날이 차가워진 뒤에야 소나

무와 측백나무가 뒤늦게 시든다는 사실을 알게 된다"고 하였는데 …… 그대와 나의 관계는 전이라고 더한 것도 아니요 후라고 줄어든 것도 아니다. …… 아! 쓸쓸한 이 마음이여! 완당阮堂, 김정희의 호노인이 쓰다.

추사로부터 뜻하지 않은 선물을 받고 무척이나 기뻤던 이상적은 추사에게 정중히 감사의 편지를 씁니다.

제가 어떤 사람이기에 도도히 흐르는 세파 속에서 권세와 이익을 따르지 않고 초연히 빠져나올 수 있겠습니까. 다만 구구한 작은 마음으로 스스로 하지 않을 수 없어 그렇게 했을 뿐입니다. …… 이번 걸음에 그림을 갖고 연경에 가서 표구하여 옛 지기知己분들에게 보이고 시문詩文을 청할까 하옵니다.

이상적은 역관으로 중국을 왕래할 기회가 잦았습니다. 편지에 말한 대로 이상적이 연경에 도착해 중국의 문사들에게 〈세한도〉를 보이자, 이들은 격찬을 아끼지 않고 다투어 시문을 써주었습니다.

추사는 외국에 있는 영민한 선비로 일찍부터 그 높은 이름 들어왔네. 높은 이름엔 비방이 돌아오는 법이니 세상 그물에 걸리기 일쑤네. 흘러가는 세속의 흐름을 보라. 누가 선비의 맑음을 알까 보냐. ……

…… 산속 바위틈에서 늙어도 고독하게 여기지 않는 것은 대체로 장차 재목으로 자라 쓰이기를 기다리는 것이요, 목수에게 버림받아도 원망하지 않는 것은 장차 내 참된 마음을 보전하여 옛 모습으로 마치자는 것이다.

…… 〈세한도〉의 소소한 천고의 뜻이여! 뒤늦게 시드는 절개를 맑은 바다에 부친다.

이상적은 중국 청나라의 문인, 서화가, 지식인 등 16명이 쓴 감상문을 모두 모아 〈세한도〉 그림 뒤에 붙이고 두루마리로 만들었습니다.

소나무와 측백나무가 어울린 조촐한 집 한 채. 절제된 여백에 특유의 쓸쓸함이 느껴지는 〈세한도〉를 명작으로 꼽는 것은 그림 그 자체 때문만은 아닙니다. 그림에 어울리는 거칠고 메마른 듯 강인한 추사의 글씨, 그리고 국경을 넘나들며 이어지는 교류와 공감의 과정 또한 작품의 품격을 높입니다.

〈세한도〉에는 추사의 외로운 심경이 그대로 담겨 있고, 스승과 제자가 주고받은 도타운 사랑과 의리가 배어 있으며, 국경을 넘나들며 예술혼을 공유한 문사들의 존경과 우정이 녹아 있습니다. 비록 멀리 떨어져 있더라도 친구들이 보내주는 위로와 격려는 유배라는 무력감과 고통에 처한 추사에게 큰 힘이 되었을 것입니다.

끝까지 지키진 못하였으나, 잘하고 잘하였도다

이상적이 죽은 뒤 〈세한도〉는 그의 제자였던 매은 김병선에게 넘어갑니다. 그의 아들 소매 김준학은 〈세한도〉 오른쪽에 '완당 세한도'라 크게 제목을 붙이고 발문을 적어 표지처럼 꾸몄습니다. 그리고 다시 주인이 바뀝니다. 휘문고등학교 설립자인 민영휘가 소장하였다가 그의 아들 민규식에게로 전해집니다. 이후 추사 연구가인 후지쓰카 지카시가 민규식으로부터 구입해간 것으로 추정됩니다.

1926년부터 서울에 있는 경성제국대학의 교수로 재직하고 있었던 후지쓰카는 1940년 교직을 그만두고 일본으로 돌아갑니다. 손재형은 후지쓰카가 〈세한도〉를 가지고 떠났다는 소식을 뒤늦게 듣고 바다를 건너간 〈세한도〉가 자꾸 떠올라 잠을 이루지 못했습니다. 나라의 귀중한 보물이 일본으로 건너가버린 상황이 너무 안

〈세한도〉 제찬
조무견, 진경용, 요복증 등 청나라의 문인, 학자들이 세한도를 보고 시와 글로 감상을 남겼다.

타까웠습니다.

후지쓰카를 만나기 위해 한달음에 달려가 삼고초려의 정신으로 〈세한도〉를 건네받은 손재형은 〈세한도〉의 일곱 번째 주인이 됩니다. 〈세한도〉를 가지고 귀국한 지 석 달쯤 지난 1945년 3월 10일, 후지쓰카의 서재가 있던 대동문화학원이 폭격을 맞았다는 소식이 들려왔습니다. 후지쓰카가 가지고 있던 책과 서화 자료 대부분이 이때 불타버렸습니다. 〈세한도〉가 기적적으로 이 세상에 살아남게 된 셈입니다.

손재형은 추사 연구의 권위자인 위창 오세창, 위당 정인보, 성재 이시영 등에게 〈세한도〉를 보여주고 그들에게도 글을 받았습니다. 이렇게 명사들의 시문이 덧붙어 늘어난 〈세한도〉는 세로 23센티미터, 가로 108센티미터 크기의 그림에서, 길이 14미터가 넘는 대작이 되었습니다.

후지쓰카가 인정한 것처럼 〈세한도〉는 진정한 주인을 만난 듯했지만, 이후 손재형의 손을 떠나게 됩니다. 손재형은 국회의원에 출마할 때 사채업자 이근태에게 〈세한도〉를 저당 잡히고 돈을 끌어다 썼는데, 낙마하고 나니 찾아올 방법이 없었습니다. 이근태는 〈세한도〉를 개성 출신의 기업인 손세기에게 매매했고, 이어 그의 아들인 손창근이 소장하게 되었습니다.

비록 〈세한도〉를 끝까지 소장하지는 못했지만, 손재형이 그토록 간절하고 열정적인 마음으로 후지쓰카에게서 〈세한도〉를 찾아오지 않았다면, 〈세한도〉는 어떻게 되었을까요? 전쟁의 위험 속에서 살아 돌아온 〈세한도〉를 보며 오세창吳世昌, 1864~1953은 나라를 잃었다 되찾은 기쁨을 얻어 이렇게 말했습니다.

"세계에 전쟁 기운이 가장 높을 때 손군 소전이 훌쩍 현해탄을 건너가 많은 돈을 들여 우리나라의 진귀한 물건 몇 가지를 사들였는데 이 그림 또한 그 가운데 하나이다. 폭탄이 비와 안개처럼 자욱하게 떨어지는 가운데 어려움과 위험을 두루 겪으면서 겨우 돌아왔다. 감탄하노라! 만일 생명보다 더 국보를 아끼는 선비가 아니었다면 어떻게 이런 일을 할 수 있었겠는가. 잘하고 잘하였도다."

대를 이은 기증, 후지쓰카 아키나오

2006년 1월의 일입니다. 도쿄의 한 호텔에서 아주 특별한 기증식이 있었습니다. 후지쓰카 지카시의 아들 후지쓰카 아키나오[藤塚明直, 1926~2006]가 집에서 보관 중이던 추사 김정희 관련 미공개 자료

후지쓰카 부자
후지쓰카 치카시(오른쪽)와
아들 아키나오가 1936년에 함께 찍은
사진이다.

2700여 점을 경기도 과천시에 기증한 것입니다. 후지쓰카 아키나오는 그동안 과천시가 추사와 관련한 다양한 연구 활동을 이어나가며 깊이 있는 연구 자료들을 출간한 사실을 알고 있었습니다.

추사는 1848년 12월 제주 유배에서 풀려나 서울 용산 한강변에 새집을 마련해 살았습니다. 그러나 3년째 되던 1851년 다시 정치적 다툼에 휘말려 함경도 북청으로 유배됩니다. 1년 만에 풀려난 추사는 조용히 과천 청계산 아래에서 말년을 보내다 1856년 71세의 나이로 세상을 떠납니다.

후지쓰카 아키나오는 자신이 건네는 자료들이 추사 연구에 많은 도움이 되길 바란다고 했습니다.

"한국에 추사 자료를 전부 기증하게 되어서 이제 걱정이 없어졌어요. 장래에 내가 죽어도……. 추사의 참 좋은 작품들이니 받아

〈중추부사 우선에게〉

김정희, 조선 1852년, 종이에 묵서, 24.5×77.0cm, 과천시 추사박물관 소장.
김정희가 이상적에게 쓴 편지로 후지쓰카 아키나오가 기증한 자료이다.

주세요."

　　후지쓰카 아키나오는 유물 기증과 동시에 200만 엔을 내놓으며 추사 연구에 써달라고도 했고, 같은 해 7월 세상을 떠나면서 또한 차례 유물을 기증하라는 유언을 남겼습니다.

　　후지쓰카 아키나오가 두 차례에 걸쳐 기증한 자료는 추사 김정희가 제자와 가족에게 보낸 친필 편지 26점, 추사·박제가·유득공 등과 교류한 청나라 학자들의 서화류 60~70여 점, 청대 학술 특히 경학에 관한 주요 자료인 완원의 《황청경해》, 옹방강의 친필본인 《해동금석영기》 등 고서적 2500여 책, 그리고 후지쓰카 지카시가 정리한 원고 자료와 자료의 실물 사진 등으로 1만 4000여 점에 달하는 실로 방대한 양입니다. 추사 연구의 일인자로 인정받았던

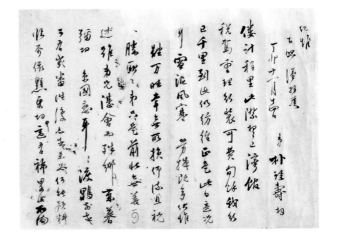

〈편지〉
박규수, 조선 1867년,
종이에 묵서, 34×50cm,
과천시 추사박물관 소장.
조선 말기 대표적인 실학자 중
한 명인 박규수의 편지로
후지쓰카 아키나오의
기증품 중 하나이다.

후지쓰카 지카시가 조선에서 지내는 동안 열의를 다해 수집해온
서화, 책, 자료 등 집에 남아 있던 일체의 것들입니다.

지금까지 추사 김정희 연구는 추사체라는 글씨 또는 그의 시
문학에 초점이 맞추어져 왔습니다. 이는 추사 관련 자료의 한계에
따른 결과라고 할 수 있습니다. 후지쓰카 아키나오가 기증한 책,
서화, 사진 등이 포함된 방대한 양의 자료는 이런 아쉬움을 상당
부분 해소하여 추사의 학문, 예술 등의 업적과 진면모를 밝히는 데
큰 도움이 될 것으로 기대됩니다.

추사 최고의 걸작, '국민의 품으로'
2020년 11월 국립중앙박물관은 특별전〈한겨울 지나 봄 오듯 - 세
한歲寒·평안平安〉을 개최했습니다. 국립중앙박물관 소장품이 된

〈세한도〉를 조명하는 전시회였습니다. 서화 테마전 〈추사 김정희와 그의 벗〉도 함께 진행되었고, 전시 연계 강연도 4차례 열렸습니다.

국립중앙박물관에 펼쳐진 〈세한도〉는 특별전시실 한쪽 벽면을 가득 채울 정도로 길었습니다. 길이만 14미터가 넘습니다. 19세기 문예계의 수장 추사와 문인, 역관, 화원, 스님 등 국적과 신분을 뛰어넘는 그의 벗들 사이에 오간 숱한 찬사와 위로와 고마움들이 펼쳐졌습니다. 관람객들은 1844년 제주에서 창작되어 중국과 일본을 거치고, 다시 국내로 돌아와 여러 개인 소장가를 거쳐 이제 국립중앙박물관 전시실에서 수많은 사람을 맞이하는 〈세한도〉의 경이로운 세월과 감동을 고스란히 확인할 수 있었습니다. 2020년 국립중앙박물관에 놓이기까지 무려 176년입니다. 국립중앙박물관 소장품으로 〈세한도〉를 만난 관계자들은 "〈세한도〉 스스로가 마치 자신의 자리를 찾아다닌 듯하다", "〈세한도〉 자체가 문화사"라고 소회를 밝히기도 했습니다.

국립중앙박물관에 특별전이 마련된 것은 소장가 손세기1903~1983·손창근1926~ 부자가 국보인 〈세한도〉를 국민 품에 돌려주겠다고 결심해준 덕분이었습니다. 손세기·손창근 부자는 1970년대 이래 〈세한도〉를 50여 년간 소장해왔습니다. 개성 출신의 기업인이자 미술품 수장가인 손세기·손창근 부자는 〈세한도〉 외에도 많은 미술품을 수집하고 또 기증해왔습니다. 2020년 1월 〈세한도〉 기증에 앞서 2018년에도 소장품 304점을 국립중앙박물관에 기증한 바 있고, 2005년과 2010년에도 각각 170점, 135점을 기탁

손세기
기업인이자 미술품 수장가로
1970년대 이후 〈세한도〉를 소장하였다.

해 이미 박물관에는 '손세기·손창근 컬렉션'이 존재합니다. 1973년
에는 서강대학교에 200여 점을 기증했습니다. 소장품을 여러 차례
기증해온 손창근 수장가는 2018년 처음이자 마지막으로 소회를
밝힙니다.

"한 점 한 점 정情이 있고, 애착이 가는 물건들입니다. 죽을 때
가져갈 수도 없고 고민 고민 생각하다가 박물관에 맡기기로 했습
니다. …… 앞으로 내 물건에 손 아무개 기증이라고 붙여주세요.
그것으로 만족하고 감사합니다."

구순을 맞아 애지중지해오던 소장품들에 대한 애착을 내려놓
았지만, 2018년 기증에 〈세한도〉가 빠져 있었던 것을 생각하면,
소장가의 〈세한도〉에 대한 각별했던 마음을 헤아려보게 됩니다.
그리고 마침내 1년 2개월 뒤 손창근 소장가는 〈세한도〉마저 세상

기증으로 돌아온 문화재

손창근

손창근 수장가가
2020년 1월 〈세한도〉를
비롯한 추사 작품
기증서에 서명하고
있다. 2020년 12월
문화재청으로부터
금관문화훈장을 받았다.

의 품으로 돌려놓습니다. 소장가의 아들인 손성규 씨는 〈세한도〉
가 집 안 깊숙한 방의 튼튼한 특별 금고에 보관되었고, 아들인 자
신도 딱 한 번 꺼내어 보여주셨을 때 본 것이 전부였다고 합니다.
후손으로서 '무가지보無價之寶' 〈세한도〉를 세상에 내어놓는 데 아쉬
운 마음이 없었는지 묻자, 그는 '금전으로는 그 가치를 평가할 수
없다'는 〈세한도〉의 가치를 다시 한 번 더 짚어주었습니다.

"1844년 세한도가 세상에 나왔습니다. 조부께서 1970년에 사
셨고, 부친께서 2020년에 내놓았습니다. 176년 역사 중 50년입니
다. 이 작품이 앞으로 100년, 1000년 갈지 모르는데, 50년이면 짧
은 시간입니다. 이렇게 보면 우리 가족은 잠깐 가지고 있었을 뿐입
니다. 이제 국민의 것입니다."

2

서화에 깃든 오롯한
조선 선비 정신, 돌아오다

데라우치문고 한국 관계 자료

그림이나 음악보다 글씨가 더 높은 수준의 예술로 대접을 받았던
시기가 있습니다. 조선시대입니다. 전반적으로 중국 문화의 영향
을 받던 시기였기에, 조선 서예가들은 중국 대가의 글씨체를 터득
해 이를 갈고닦았습니다.

조선 중기의 석봉 한호는 '서성書聖'이라 불렸던 중국 동진시대
서예가 왕희지의 글씨를 잘 썼습니다. 그에 반해 조선 후기의 옥동
이서와 원교 이광사 등은 조선의 독자적인 글씨를 썼고, 추사 김정
희는 자신의 글씨로 중국 대가에 뒤지지 않는 독창적이고 예술적
인 성취를 스스로 이루어 우리나라 서예사에 한 획을 그었습니다.

조선 초기에는 중국 원나라 조맹부의 글씨인 송설체松雪體가 유
행했습니다. 조맹부의 호를 따서 이름 붙인 송설체는 고려 말기에
한반도에 전해졌는데, 처음 소개한 이가 행촌杏村 이암李嵒, 1297~1364
입니다. 송설체는 조선 중기까지 200여 년 동안 조선 사대부의 마
음을 사로잡았습니다. 오늘날로 치면 총리에 해당하는 문하시중이
었던 이암은 서거정으로부터 '조맹부 글씨가 우리나라에 퍼졌지만

《유한지 예서 기원첩》 중 〈주희 지락재명〉(위), 〈곽경순 사언구〉

유한지, 조선 18세기, 종이에 묵서, 각 25.1×18.1cm, 경남대학교박물관 소장, 보물.
예서의 대가로 이름을 날린 유한지의 서첩이다. 데라우치문고의 대표 유물 중 하나이다.

그의 필법을 얻은 자는 행촌 한 사람뿐'이라는 극찬을 받을 정도로 글씨를 잘 썼고, 목은 이색도 '행촌의 필법은 오묘함의 극치를 이루었는데 조맹부와 겨룰 만하다'라고 높이 평가하였습니다.

조상의 유품을 찾으려는 후손의 노력

평생을 교육 공무원으로 일한 이종영 씨는 퇴직한 뒤 고성 이씨 종친회의 일을 맡아보고 있었습니다. 1990년 우연찮게 《월간 서예》 1974년 9월호에서 자신의 조상인 고성 이씨의 9세손 행촌 이암의 친필 글씨를 만납니다. 그 중 한 점이 데라우치문고 소장이라는 점에 의문을 갖게 된 이종영 씨는 종친회의 도움을 받아 이암 친필 글씨의 행방을 찾아 나선 끝에 일본 야마구치[山口]현의 야마구치현립대학이 데라우치문고를 관리하고 있다는 사실을 알아냈습니다. 고려 말기 행촌 이암의 글씨를 일본의 데라우치문고가 소장하게 된 연유를 알려면, 우리나라의 아픈 근대사를 다시 돌아봐야 합니다.

1905년 일본은 군사력을 앞세워 을사늑약을 강제하고 조선의 외교권을 빼앗았습니다. 통감부를 설치한 뒤로는 조선의 주권을 야금야금 빼앗더니 급기야 1910년 조선을 강제로 병탄해버립니다. 이후 일본은 통감부를 조선총독부로 바꾸고 식민통치를 본격화합니다.

통감부의 3대 통감으로 부임했던 데라우치 마사타케[寺內正毅, 1852~1919]는 통감부가 조선총독부로 바뀌면서 초대 수장, 즉 총독이 되었습니다. 데라우치는 일본의 근대사를 말할 때에도, 우리나라

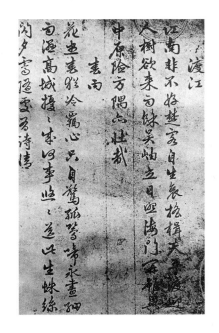

의 일제강점기 역사를 말할 때에도 빼놓을 수 없는 일본의 대표적
인 군인 정치가입니다.

　　운수통신장관을 맡았던 시기 데라우치는 1894년 부산-서울,
서울-의주 간 전신선을 가설하여 청일전쟁 때 일본군이 신속한 작
전을 수행할 수 있도록 하였고, 1898년에는 경부철도주식회사의
설립에 핵심적인 역할을 수행하며 경부선, 마산선, 경의선 등 철도
를 완성합니다. 이들 철도는 러시아와의 전쟁 때 병력과 군수물자
를 수송하는 데 활용되었고, 이후 조선에서 온갖 물자를 실어내가
는 아주 유용한 수단이 됩니다. 데라우치가 총독 자리에 있는 동안
호남선, 경원선 등이 완공되었고, 압록강 철교가 놓였습니다.

데라우치 마사타케
초대 조선총독으로 부임하여
무단통치를 시행하였다.

　　데라우치는 이른바 강력한 '무단통치武斷統治'를 단행하여 무력
으로 조선을 지배했습니다. 헌병을 경찰로 동원한 삼엄한 공포 분
위기 속에서 조선인의 언론, 출판, 교육 활동 등의 자유를 탈취, 통
제했습니다. 일본 제국주의의 목적은 조선을 원활히 통치하는 데
만 한정되지 않았습니다. 영구히 조선을 지배하기 위해 조선의 역
사와 민족문화를 말살해나갔습니다.

　　1910년부터 1915년까지 단행한 구관제도舊慣制度조사사업과
고적조사사업도 그와 같은 맥락입니다. 학술 조사를 명목으로 전
문가를 동원하여 조선의 유물과 유적들을 샅샅이 조사하고 적잖은
유물을 반출했습니다. 1916년 '고적 및 유물 보존 규칙'을 공포하
고 고적조사위원회를 설립한 후로는 헌병과 경찰까지 동원하여 조
직적으로 유적을 발굴하지요. 이러한 시대적 분위기를 틈타 한몫

잡으려는 도굴꾼이나 골동업자까지 가세하여 파괴하고 반출해간 문화재가 한둘이 아니었습니다. 고미술품을 선호한 데라우치 또한 수많은 유물과 고서적을 다양한 방법으로 수집하였고, 이후 미술품 800여 점을 조선총독부박물관에 기증하는 한편, 상당수 서적을 일본으로 가지고 갑니다.

데라우치문고는 사설 역사 도서관

조선 침탈에 깊숙이 관여했던 데라우치 마사타케는 '역사를 알아야 세계를 지배할 수 있다'는 생각을 가지고 있었습니다. 조선에서 수집, 반출해간 서적들 대부분이 역사 서적이었습니다.

조선총독 임기를 마치고 일본으로 돌아간 데라우치는 일본에서 총리대신을 역임합니다. 병이 들어 총리직에서 물러난 뒤, 아들 데라우치 히사이치[寺內壽一, 1879~1946]를 불러 그동안 수집한 조선과 중국, 일본 관련 자료들을 바탕으로 도서관을 만들도록 했습니다. 그리고 다음과 같은 글을 남깁니다.

…… 사기를 불러일으킴은 역사보다 좋은 것이 없고, 역사를 수집함에 있어 먼저 우리 제국의 역사를 날줄로 하고, 우리와 밀접한 관계에 있는 조선과 중국의 역사를 씨줄로 삼는 것보다 시급한 일은 없다. 이것이 내가 오호[櫻圃]문고를 창설하는 주된 이유이며, 다른 일반 도서관과 스스로 그 취지를 달리하는 까닭이다.

- 〈오호문고기〉 중에서

데라우치문고 한국 관계 자료

1919년 데라우치 마사타케가 사망한 뒤, 그의 아들 히사이치는 유언에 따라 데라우치의 고향 야마구치현 미야노[宮野]에 개인 도서관을 개설합니다. 1922년에 설립된 '오호데라우치문고'입니다.

'오호'는 데라우치가 살았던 미야노의 동산 이름에서 따왔다고 합니다. 개관 당시 데라우치문고에서 관람할 수 있었던 도서는 1만 9000여 점이었습니다. 대부분이 조선과 중국, 일본의 역사 서적으로, 일본의 역사뿐만 아니라 조선과 중국의 역사에 관심을 가짐으로써 일본이 세계를 장악해나가기를 바랐던 데라우치의 기대에 따른 것이었습니다. 그의 의도를 잘 알았던 아들 히사이치도 이후 주로 조선, 중국, 일본의 역사책과 자료를 수집했습니다.

일본 남방군 총사령관이었던 데라우치 히사이치가 태평양전쟁이 끝난 후 A급 전범으로 판결받은 뒤 1946년 싱가포르 수용소에서 병으로 죽자 데라우치문고도 운영에 어려움을 겪습니다. 가까운 곳에 야마구치현립대학당시는 야마구치여자전문학교이 있었는데, 학교에 도서관 건물이 없어 학생들이 데라우치문고를 자주 이용하는 상황이다 보니 학교 쪽에서는 데라우치문고가 아예 학교 도서관으로 이용되길 바랐습니다. 데라우치문고 측도 문고를 활용할 또 다른 기회가 될 수 있다고 판단했습니다. 그 결과 데라우치문고는 야마구치현립대학에 편입되었습니다.

데라우치문고가 소장한 한국 관련 자료에 관한 정보는 오랫동안 우리나라에 알려지지 않았습니다. 조상의 글씨를 찾아 데라우치문고를 방문한 이종영 씨는 행촌 이암의 글씨뿐만 아니라 조선 시대 유학자와 선비를 비롯해 임진왜란과 병자호란 때 활약한 명

데라우치문고 전경

1922년 일본
야마구치현에 설립된
개인 도서관으로,
데라우치 마사타케가
수집한 조선 서적을
다량 보유하고 있다.
이후 야마구치현립대학에
편입되었다.

장과 충신들이 직접 쓴 시문이 다수 소장되어 있는 것을 목격하고,
곧바로 친구이자 당시 국사편찬위원장이던 박영석 박사를 찾아가
자초지종을 전합니다. 이것이 데라우치문고에서 우리 문화재들을
찾아오는 첫걸음이 되었습니다.

"지금까지의 일은 없던 것으로 합시다"

데라우치문고가 한국 역사 관련 자료를 다량으로 소장하고 있다는
소식이 전해지자 먼저 국사편찬위원회가 이 자료들의 반환을 시도
했습니다. 하지만 정부 기관이 정색을 하고 직접 나서면 더 복잡해
질 수 있는 것이 문화재 반환 문제입니다. 약탈, 반출한 문화재를
정부 차원에서 원산국에 되돌려준다면 외교 선례로 남을 수 있기
때문입니다. 그래서 문화재 반환 문제는 주로 민간 차원에서 진행

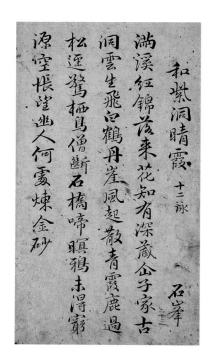

《한호씨법첩》

한호, 조선 16세기, 종이에 묵서,
35×19cm, 경남대학교박물관 소장.
데라우치문고 한국 관계 자료 중엔
이 외에도《석봉서》,《석봉진묵》등
한호가 쓴 서첩 세 점이 포함되어 있다.

되는 경우가 많습니다.

마침 야마구치현은 경상남도와 자매결연을 하고 있었습니다. 경남대학교는 야마구치현립대학과 학술 교류 협정을 추진하고 있었고, 특히 1996년 개교 50주년 기념사업의 일환으로 해외로 유출된 우리 문화재의 환수 작업에 관심을 갖고 있었습니다. 결국 경남대학교의 박재규 총장이 야마구치현립대학과 교섭하여 야마구치현립대학과 데라우치가家가 조건 없이 기증하는 형식으로 1996년 데라우치문고 가운데 98종 135책 1축[1995점]이 돌아옵니다.

그렇다고 문화재 반환 과정이 순조롭기만 했던 것은 아닙니

기증으로 돌아온 문화재

다. 야마구치현립대학과 데라우치가를 설득하는 일도 힘들었지만, 막판에 모든 노력을 물거품으로 돌릴 뻔한 일이 발생했습니다. 바로 국내의 대일 감정입니다. 유물 목록 작성과 운반 작업 준비까지 다 해놓고 유물 기증 문서에 서명하기 위해 일본으로 떠나기 전, '데라우치 총독이 강탈한 약탈 문화재 반환'이라는 내용의 기사가 일시에 여러 언론에 보도되었습니다. 이 기사를 본 야마구치현립대학과 데라우치가는 심기가 몹시 불편했습니다. "유물을 못 주겠다, 지금까지의 일은 없던 것으로 하자"고까지 감정이 치달았습니다. 다행히 양측이 '강탈'이 아니라 '수집'으로 정정 기사를 내는 것으로 상황을 수습하자는 안에 합의하였습니다. 이렇게 해서 문제가 해결되는가 싶었는데 이번에는 신문사들이 편집 방침상 정정 기사를 내줄 수 없다고 했습니다. 전전긍긍하다가 한 신문사에서 기사 중간에 '경남대학교 총장의 말에 의하면 데라우치 총독이 수집, 일부 사갔던 유물'이라고 짤막하게 써주었던 부분을 야마구치현립대학과 일본 언론사에 보냄으로써 이해를 구하고 사태를 겨우 마무리 지을 수 있었습니다.

사실 해외 유출 문화재가 공공 기관끼리의 정식 기증 절차를 거쳐 고국으로 돌아온 예는 그다지 많지 않습니다. 그것도 98종 135책 1축이라는 다수의 문화재가 돌아온 것은 1965년 한일기본조약, 곧 한일협정이 체결된 이듬해 일본이 문화재 1400여 점을 반환한 이래 처음 있는 일이었습니다.

조상의 유품을 찾으려는 한 후손의 노력에서 출발하여 대학 당국이 해외 유출 문화재에 대한 반환 의지를 보이고, 공공 기관이

《낙파필희》 중 〈송하탄기도〉(위)와 〈연자멱시도〉

전 이경윤, 조선 17세기, 종이에 수묵, 각 37x54cm(펼침면), 경남대학교박물관 소장.
1996년에 돌아온 데라우치문고 유물 중 하나이다.

협조한 끝에 이루어진 데라우치문고의 반환은 해외에 유출된 우리 문화재를 되찾아오는 좋은 선례가 되었습니다.

야마구치현립대학과 데라우치가가 이들 유물이 한국으로 돌아가 학문적, 교육적 차원에서 활용되는 것이 자신들이 소장하는 것보다 훨씬 효율적임을 인정하고 기증 의사를 보여준 점도 한일 두 나라의 과거 관계로 볼 때 의미 있는 변화입니다.

경남대학교는 반환된 문화재를 모든 사람들이 이용할 수 있도록 전시하고 자료집을 제작하는 등 다양한 편의를 제공하고 있습니다. 이들 유물이 대학만의 것이 아니라 모두가 함께 공유해야 할 공공의 유산임을 알기 때문입니다.

데라우치문고 한국 관계 자료

경남대학교박물관 데라우치문고실

경남대학교박물관에 기증 형식으로 돌아온 데라우치문고의 소장품은 의궤를 비롯하여 문서, 편지, 그림, 시, 글씨, 탁본들이 담겨 있는 서첩이 대부분이다. 주로 16~19세기에 제작되었으며 문화재로서의 가치도 탁월하고 조선 후기 각 분야의 역사 연구 및 학술 자료로서 활용 가치가 매우 높다.

서예 분야에서는 추사 김정희의 서법書法을 다양한 서체의 추사 친필을 통해 확인할 수 있는 《완당법첩조눌인병서阮堂法帖曺訥人幷書》와 석봉石峯 한호韓濩, 1543~1605가 자기 글씨의 변화 과정과 조선 서예에 대한 자부심을 직접 기록한 《석봉필론石峯筆論》이 대표적인 유물이다. 특히 16~17세기 인물들의 글씨는 전하는 것이 흔치 않아 반환된 자료들의 가치는 더 높이 평가받고 있다. 서첩에 실린 인물들은 작자를 알 수 없는 것을 제외하고도 거의 1000여 명에 달하여, 그 자체만으로도 우리나라 서예사의 맥을 살필 수 있는 자료이다. 특히, 서간류는 그 질과 양에서 단연 한국 최고의 문화재로 평가받고 있다. 반환된 데라우치문고 유물 가운데 예서의 대가 유한지俞漢芝, 1760~1840의 《유한지 예서 기원첩俞漢芝 隷書 綺園帖》은 보물로 지정되었다.

회화 중에서는 영조 임금이 청계천을 대대적으로 정비한 뒤 신하들에게 베푼 연회를 그린 그림을 신하들이 지은 시와 함께 엮어낸 《제신제진諸臣製進》이 눈길을 끈다. 왕족 화가 이경윤李慶胤, 1545~1611이 숨어 사는 선비들의 관념 세계를 그린 화첩 《낙파필희駱坡筆戱》도 가치가 높다. 그동안 이경윤의 그림은 낙관이 없어 진위를 알 수 없었는데, 《낙파필희》에는 동시대 문인인 유몽인과 이호민의 제시가 적혀 있어 이경윤의 그림일 가능성이 높다.

경남대학교박물관은 데라우치문고로부터 기증받은 유물들을 전시하기 위해 데라우치문고실을 따로 마련했다. 전시장을 다섯으로 나누어 주제에 따라 유물을 배치하였다. 1전시장의 주제는 '조선시대 왕실의 교육'으로, 효명세자가 세자시강원에 입학하는 장면을 기록한 《정축입학도첩丁丑入學圖帖》 등 관련 유물들을 전시하고 있다. 2, 3, 4전시장은 각각 조선의 편지, 글씨, 시세계를 중

경남대학교박물관 데라우치문고실 전경
1996년에 돌아온 데라우치문고 전체(98종 135책 1축)는 2010년 경상남도 유형문화재로 일괄 지정되었다.

심으로 구성하였는데 앞서 언급된 김정희, 한호 외에도 양사언, 이광사, 윤순 등 쟁쟁한 조선시대 명필들의 글씨와 시를 관람할 수 있으며, 5전시장에는 조선시대 그림들이 전시되어 있다. 경남대학교박물관은 소장하고 있는 데라우치문고 자료들을 《한마고전총서》로 간행해 그 가치를 널리 알리고 있다.

3

만약 고향이
그리워서 남겼다면

이선제 묘지

1998년 9월 2일, 신문 기사 하나가 광산 이씨 문중을 발칵 뒤집었습니다. 국내 문화재 밀매단에 의해 다량의 고미술품이 일본으로 밀반출 직전에 적발된 사건을 다룬 기사로, 이미 밀반출된 미술품 중 문화재 가치가 매우 높은 묘지墓誌 하나를 자세히 설명하고 있었습니다. "분청사기 상감 '경태5년景泰五年, 1454명' 이선제 묘지"였습니다.

묘지는 생전의 업적을 기록해 망자의 주검과 함께 묻는 매장품입니다. 망자, 곧 묘지의 주인은 1419년세종 1부터 1453년단종 1까지 관료이자 사관과 학자로 맹활약한 필문畢門 이선제李先齊, 1390~1453입니다.

이선제는 광산 이씨 문중이 큰 어른으로 공경하는 대표적 선조이자 광주광역시가 도로의 이름에 그의 호를 붙일 정도로 지역 사회가 크게 기리고 있는 역사 인물입니다. 광주광역시 완산동에는 그의 묘와 묘비, 그리고 부조묘不祧廟, 불천위不遷位, 영구히 제사 지내는 신위를 모시는 사당가 모셔져 있습니다. 신문을 보고 아찔해진 문중이 당장

분청사기 상감 '경태5년명' 이선제 묘지

조선 1454년, 높이 28.7cm, 국립광주박물관 소장, 보물.
1998년 6월 김포공항을 거쳐 일본으로 밀반출되었다가 2017년 9월 일본인 소장자의 기증으로
국내로 환수되었다.

이선제 묘지

이선제 묘소 전경

이선제 신위를 모시는 부조묘 뒤 산언덕에 자리하고 있다. 묘비가 있는 앞쪽이 이선제의 묘이며
뒤쪽은 부인 보성 선씨의 묘이다.

조상의 묘소로 달려가 보았습니다. 평소와 다른 점은 없었습니다.
도굴의 흔적을 발견할 수 없었고, 그 시기도 도무지 알 수 없었습
니다. 그러나 신문 기사에는 묘지의 형태와 묘지에 쓰여 있는 명문
을 정밀하게 그린 실측도까지 함께 실려 있었습니다.

어이없는 도굴과 밀반출

석 달 전인 5월, 김해공항에서 밀매단이 이선제 묘지를 일본으로
반출해 가려다 실패한 일이 있었습니다. 당시 김해공항 문화재감

정관실에서 근무하던 양맹준 감정관은 한 골동품상이 찾아와 국내에는 살 사람이 없고 값을 쳐주지 않으니 일본에 가서 팔려고 한다며 묘지를 꺼내놓았다고 합니다. 국외 반출에 앞서 절차상 문화재감정관실을 찾아 감정을 받은 것이었습니다. 묘지는 형태가 특이하고 보존 상태가 양호했습니다. 글씨와 문양 등을 백상감한 분청사기로 한눈에 가치를 알아볼 수 있었고, 묘지라는 유물의 특성상 그 불법성을 직감할 수 있었습니다. 그러나 도난 신고 기록이 없었고, 그리하여 신고 대상은 아니었습니다. 다만, 일본으로 반출되는 상황은 막아야겠기에, 문화재보호법에 따라 국외 반출이 불가하므로 이곳에 두었다가 귀국할 때 찾아가라고 일렀습니다. 그리고 동료인 최춘욱 감정관에게 실측도를 부탁했으며, 문화재관리국지금의 문화재청과 각 공항과 항만의 문화재감정관실에 실측도를 첨부한 제보 조서를 보내놓았습니다. 혹시 있을지 모를 제2, 제3의 반출 시도를 막으려는 조처였습니다.

　그런데 이러한 노력도 헛되이, 한 달 뒤인 6월 이들 밀매단은 감정 절차를 아예 생략해버리고 여행용 가방에 묘지를 숨겨서 유유히 서울 김포공항을 빠져나가버렸던 것입니다. 이 과정에서 밀매단은 김포공항의 세관원에게 뇌물도 주었습니다. 밀반출된 묘지는 이후 일본 골동품상에 팔렸다고 합니다.

　문중에서는 일본으로 불법 반출된 묘지의 행방을 찾고자 이곳저곳 여러 차례 수소문했습니다. 하지만 관련 기관을 통해 들은 최종 답변은, "일본이 불법 반입된 타국의 문화재를 보호하는 국제법에 가입하지 않아 정부간 외교 노력을 통한 환수가 어렵고, 은밀한

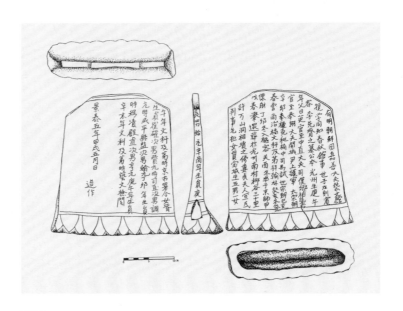

———

이선제 묘지 실측도

1998년 5월, 김해공항 문화재감정실 최춘욱 감정관이 작성한 실측도로, 문화재관리국을 비롯하여
각 공항과 항만의 문화재감정관실에 보내 이 사실을 알렸다.

거래로 일본 내 행방을 알 수 없어 환수는 사실상 어려운 상황"이
라는 것이었습니다. 결국 일본으로 밀반출된 이선제 묘지의 행방
을 알 수가 없게 되었습니다.

이선제 묘지를 발견하다

이선제 묘지가 다시 모습을 드러낸 것은 이후 16년이 지난 2014년
입니다. 국외소재문화재재단은 국외에 소재한 우리 문화재를 조

사 연구하며 환수와 활용 등의 업무를 추진하는 문화재청 산하 단체입니다. 해외에는 일본과 미국 두 나라에 사무소를 두고 유명 박물관과 미술관은 물론, 민간이 소유한 우리 국외 문화재의 유통 실태를 파악하기도 합니다. 이 과정에서 불법 부당하게 유출된 것으로 확인되는 문화재는 환수할 방법을 찾고, 합법적으로 반출된 문화재의 경우 현지에서 우리나라의 역사와 문화를 보존하고 알리는 데 최대한 활용될 수 있도록 돕습니다.

국외소재문화재재단 일본 사무소는 2014년 오랜 전통의 고미술상점 '와타나베 산포도[渡邊三方堂]'의 와타나베 쇼고[渡邊祥午] 씨로부터 조선시대 상감 분청사기 한 점을 소개받았습니다. 이선제 묘지였습니다. 흔히 시중에 유통되는 물건은 아니었기에, 재단 일본 사무소는 와타나베 씨에게 양해를 얻어 이선제 묘지 사진을 서울의 재단 본부로 보냈습니다. 출

《조선일보》 1998년 9월 2일자 기사

유물의 반출 사실을 그림과 함께 상세히 보도하고 있다.

처와 반출 경로를 정확히 알아야 했습니다.

유물 반출 경로를 확정할 수 없는 상태에서 섣불리 정보가 노출되다가는 슬그머니 자취를 감춰버리는 일이 생길 수도 있어 광산 이씨 문중에는 연락하기가 조심스러웠습니다. 여러 경로로 탐색하던 중 1998년 9월 2일자 《조선일보》에 실린 이선제 묘지 기사를 발견하고서야, 이선제 묘지의 불법 반출에 대한 사실 관계를 확인할 수 있었습니다. 김해공항의 두 감정관이 남긴 기록물은 불법 반출의 결정적인 증거였습니다. 반출 정황을 파악한 재단은 비로소 광산 이씨 문중에 연락했습니다.

"필문 할아버지의 생몰 연대를 모르고 있었는데, 묘지 명문을 통해 확실히 알게 되었습니다. 족보에는 아들 형제의 순서가 시원, 조원, 한원, 찬원, 형원으로 되어 있었는데, 묘지의 명문에 따라 시원, 찬원, 조원, 한원, 형원으로 바로잡았구요. 필문 할아버지의 부인이 '선씨宣氏이니, 판사判事 윤지允祉의 딸로 본관은 보성寶城이다'라고 기록되어 있어서, 보성 선씨 문중에도 이 사실을 알렸지요."

문중은 1998년 신문 기사를 통해 선조의 묘지 도굴과 불법 반출 사실을 알게 된 뒤 몇 해 동안 언론, 문화재감정관실, 검찰, 문화재청 등에 수소문하여 찾아낸 여러 자료들을 모두 펼쳐 보여주었습니다. 후손의 불효를 어떻게든 씻고 싶은 마음, 묘지를 제자리에 되돌려놓고 싶은 간절함이 그 속에 가득했습니다. 재화의 가치로만 따져 묘를 도굴하고 매장 유물을 불법적으로 거래하는 행위가 얼마나 큰 반인륜적 범죄인지 새삼스레 상기할 수 있었습니다.

일본의 소장자 도도로키 다카시 씨를 만나다

국외소재문화재재단은 와타나베 씨에게 이선제 묘지가 불법 밀반출된 문화재임을 알리고 소장자를 만나 반환 교섭에 착수할 수 있도록 도와달라고 정중히 부탁했습니다. 불법으로 반출된 문화재를 거래하는 일은 고미술품 대리인에게도 소장자에게도 불명예스러운 일이라며, 와타나베 씨는 문제를 해결할 수 있도록 돕겠다고 했습니다.

2015년 12월 재단은 일본 후쿠오카의 한 병원으로 향했습니다. 이선제 묘지 소장자인 도도로키 다카시[等々力孝志, 1938~2016] 씨는 암 투병 중이었습니다. 《고미술의 사계》1995라는 책을 펴낼 정도로 고미술에 조예가 깊었던 그는 고미술품 수집에 전념하던 2000년 초반 이선제 묘지를 만났다고 했습니다. 묘지가 불법 반출물인 줄은 전혀 알지 못했다는 대목을 이야기할 때에는 다소 목소리가 높아졌습니다. 재단은 소장자의 선의 취득을 인정하고 소장자의 명예를 훼손하려는 의도가 없음을 밝히고, 오히려 묘지를 소중하게 여겨준 점에 경의를 표했습니다. 다만, 선조의 유물을 부당하게 잃은 후손의 애타는 마음, 묘지가 있어야 할 원래 자리로 되돌려지길 바라는 간절한 마음을 전했습니다.

"저는 묘지를 한 가문의 묘지, 문중의 기록이라기보다 미술품으로서 매우 아껴왔습니다만, 인도적으로 묘지를 잃은 가문의 마음을 헤아릴 수 있습니다."

묘지가 한국으로 돌아갈 수 있도록 방법을 함께 찾자고 부탁하며 재단이 최선을 다해 도도로키 씨의 명예를 지키는 방법을 찾겠다고 했습니다. 재단이 매입하는 방법도 있지만 두 가문의 명예와 두 나라의 우의를 생각하여 기증 방식도 가능하니 후자를 신중히 고려해봐 달라는 이야기를 전하자 도도로키 씨는 소장품에 대한 전문가의 감정을 원하며, 자신의 퇴원 예정일인 2016년 2월까지 반환 관련 협상을 마무리하자는 데까지 의견을 모아주었습니다.

조선통신사 이형원, 500년 시간을 넘어오다

국외소재문화재재단은 일본에서 돌아와 다시 문중을 만났습니다. 이해 당사자인 문중보다 공적 기관인 재단이 교섭 당사자가 되어 일본 소장자를 설득하는 것이 신뢰를 얻고 환수의 가능성을 높일 방법이 될 수 있다는 의견에 문중은 흔쾌히 환수 협상 권한을 위임해주었고, 환수 후 소유권을 국가 기관에 귀속시켜달라는 의견도 수용해주었습니다.

"문중이 환수에 적극적으로 나서지 못하고 있는 상황에서 재단이 묘지를 고국으로 모셔올 방도를 찾고 계시니 오히려 고맙습니다. 필문 할아버지께서도 크게 기뻐하실 것입니다. 정여립모반사건기축옥사, 1589에 연루되는 과정에서 문중의 소중한 기록물들이 소실되었습니다. 필문 할아버지의 생몰 연대가 미상이었던 것도 이 때문이었습니다. 멸문의 위기까지 겪은 터라, 조선 전기 문중 관련 기록은 '이선제 묘지'가 거의 유일하다시피한 상황이지요. 환수가 성공할 수 있도록 최선을 다해 돕겠습니다."

문중은 묘지와 관련해 매우 흥미로운 이야기를 전해주었습니다. 묘지 명문에 등장하는 이선제의 다섯째 아들 이형원李亨元, ?~1479에 대한 이야기입니다. 이형원은 조선통신사 정사로 일본에 건너가 공무를 수행하던 중 병을 얻어 귀국하던 길에 거제에서 숨을 거두었습니다. 이형원은 일본으로 떠나기 전 "통역사로 동행하는 일본인 도노 시게히데[藤茂秀]가 고향에 남겠다고 하면 어떻게 하는 것이 좋겠습니까"라고 왕에게 물어, "만약 고향이 그리워서 남겠다면 그대로 두는 것이 좋겠다"는 답을 들었다고 했습니다. 일본인 통역사가 느낄 향수에 대해서도 세심히 배려하였던 것입니다. 이는《성종실록》에 기록되어 있습니다.

전문가 실견, 진품과 가치를 확인하다

2016년 1월 도도로키 씨와 약속한 대로 문화재 전문가가 도쿄를 찾았습니다. 이종민충북대 미술사학과, 문화재청 문화재위원 교수는 한 시간 반 가까이 이선제 묘지를 살폈습니다.

"묘지의 형태, 태토, 제작 기법, 상감의 상태, 문양의 소재와 배치, 유약, 시유 상태, 명문의 배열이나 내용의 구성 등을 면밀히 조사한 결과, 이 묘지에서 위작일 가능성은 발견하지 못했습니다. 이선제의 것이 확실하며, 진품으로 판단해도 전혀 무리가 없다고 판단됩니다."

위작일지 모른다는 의심이 크지는 않았지만, 실물을 눈앞에 놓고 전문가로부터 직접 진품에 대한 감정 소견을 듣는 일은 반드시 거쳐야 하는 과정이었습니다.

**전문가의
이선제 묘지 감정**

2016년 1월,
이종민 교수가
이선제 묘지를
면밀히 살피고 있다.

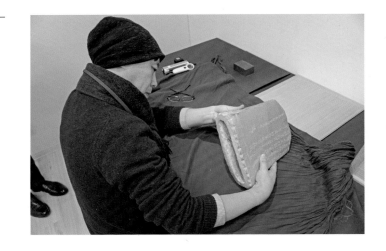

이종민 교수는 특히 조선 전기 묘지의 변천 과정을 파악하는
데 중요한 의의를 지니는 유물이라는 점을 평가하며, 소장자 쪽에
도 묘지의 문화재급 가치에 대해 설명했습니다.

도도로키 씨의 부인인 도도로키 구니에 여사는 묘지에 등장하
는 인물, 즉 다섯째 아들 이형원이 500여 년 전 조선통신사로서 일
본을 다녀갔다는 새로운 이야기에 귀를 기울였습니다. 재단은 매
입과 유·무상의 기증이라는 세 가지 반환 방식을 제시했습니다. 이
형원이 한일 두 나라의 교류 개선에 참여한 일을 생각하면, 기증
반환 방식이 두 나라의 우의를 돈독히 하는 매우 좋은 선례가 되리
라는 점과 무상 기증의 경우 대한민국 정부가 기증자의 명예를 높
이고 최대한 기증자의 뜻이 기려질 수 있도록 하겠다는 의지를 한
번 더 강조했습니다.

도도로키 여사는 재단의 의견을 남편에게 전달한 뒤 답변을

주겠다고 했습니다. 그러나 안타깝게도 소장자 도도로키 씨로부터 기증 형식의 반환이란 확답을 직접 들을 기회는 없었습니다. 건강을 회복하지 못한 도도로키 씨는 2016년 11월 세상을 떠났습니다.

도도로키 씨의 사망 후 유족인 도도로키 여사가 묘지에 대한 소유권을 행사할 수 있었고, 묘지는 일본의 한 사금고에 보관되었습니다. 재단은 고인을 애도하는 시간을 존중하는 마음으로 도도로키 여사가 결정을 할 때까지 기다리기로 했습니다.

2017년 2월 이선제 묘지의 반환 협상이 재개되었습니다. 그로부터 한 달 만에 도도로키 여사는 무상 기증을 결심했다는 소식을 전해왔습니다. "남편이 분명 크게 기뻐할 거라 생각합니다. 두 나라의 우의를 키우는 데 보탬이 되길 진심으로 바랍니다." 훗날 도도로키 여사는 "묘지 속 실존 인물인 이형원의 스토리에 크게 감명을 받았으며, 이선제 묘지에 얽힌 두 나라의 인연이 예사롭지 않다고 느꼈다"고 했습니다.

무상 기증 반환을 결심했지만

고 도도로키 다카시 씨와 유족인 도도로키 구니에 여사는 불법 반출된 이선제 묘지의 소장자에서 이제 곧 한일 두 나라의 우의를 확인하는 명예로운 기증자의 자리에 서게 될 참이었습니다. 그렇지만 도도로키 여사에게는 한 가지 마음에 걸리는 일이 있었습니다.

기증을 위한 실무와 절차를 의논 중이었습니다. 국립중앙박물관에 기증하기 위해서는 박물관에 '기증원'을 내고 유물수증위

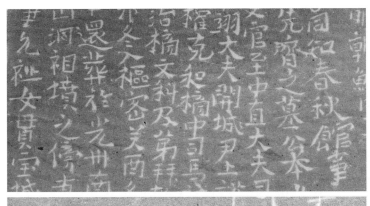

이선제 묘지 전면부 상감 글씨 부분(위)과 하단 부분

묘지의 앞면과 뒷면, 측면에 이선제의 행적을 담은 문장 248자가 상감 기법으로 새겨져 있다.
묘지 하단에 두른 연판문대는 불교식 위패의 받침대 형태를 모방한 것으로 보인다.

원회의 심의를 통과해야 하는데, 그러기 위해서는 묘지 실물을 한
국으로 보내 심의를 받아야 했습니다. 도도로키 여사 측 변호인들
은 서산 부석사 불상의 예를 들며 이선제 묘지를 한국에 보낼 경우
서산 부석사 불상처럼 압류당하는 일이 생기지 않는다고 보장할
수 있겠냐는 의문을 제기했습니다. 서산 부석사 불상은 2012년 국

내의 절도범들이 쓰시마섬의 간논지[觀音寺]에서 훔쳐 국내로 몰래 들여온 유물입니다. 서산 부석사 측은 왜구가 약탈해간 문화재이므로 원래 자리인 부석사로 돌아와야 한다는 소송을 냈고, 일본의 간논지 측에서는 도난 문화재를 돌려주지 않는 것이야말로 부당한 행위라고 이의를 제기한 가운데, 불상은 현재 국내에 보관 중입니다. 국외소재문화재재단이 법률 검토를 의뢰하여 "이 사건 유물은 형사적으로 몰수할 수 없고, 재단이 현 점유자인 일본인으로부터 넘겨받아 국립중앙박물관 등 국가 기관에 기증贈與하여도 법적 하자가 발생하지 않을 것"이라는 의견서를 받아 제출했음에도 일본 측 변호인은 경계를 풀지 않았습니다.

이에 재단은 재단이 일본에서 기증을 받은 후, 국립중앙박물관에 다시 기증하는 대안을 제시했습니다. 소유권이 재단에 있으면 이선제 묘지가 불법 반출된 문화재라고 한국에서 몰수할 수는 없을 것이라는 설명이 있고서야 일본 측 변호인도 수긍해주었습니다. 해외 문화재의 반출 경로와 상황은 각 유물에 따라 매우 다르기에, 국외 문화재 환수는 매번 없는 길을 만들어가는 창의적 해법으로 풀어가야 합니다.

기증 절차에 합의하자, 실무는 빠르게 진행되었습니다. 2017년 8월 도쿄에서 '재단-일본인 소장자 간 이선제 묘지의 기증식'을 진행한 뒤, 이선제 묘지는 고국 땅을 밟았습니다. 8월 24일입니다. 1998년 김포공항에서 국내 밀매단에 의해 불법 반출된 지 19년 만이요, 2014년 재단이 도쿄에서 묘지를 발견한 이래 3년 만의 결실이었습니다.

각자의 자리에서 지킨, 명예가 빛나다

9월 5일에는 광산 이씨 문중에 감사를 전하기 위해 돌아온 이선제 묘지 친견례 자리가 마련되었습니다. 문중은 "한 집안의 보물로 그치는 것이 아니라 모두의 보물이 된다면 문중으로서는 더 큰 자랑거리가 될 것이고, 화재나 도난 등 보관의 안전성을 문중이 책임질 수 없는 현실적인 한계가 크니 박물관이 가장 안전한 곳"이라며 크게 기뻐했습니다.

예정대로 이선제 묘지는 곧 국립중앙박물관에 기증되었습니다. 2017년 9월 19일 국립중앙박물관에서 열린 '재단 - 국립중앙박물관 간 이선제 묘지 기증식'에는 묘지가 돌아올 수 있도록 힘써준 한국과 일본 두 나라의 관련 인사들이 모두 모였습니다. 도굴, 밀반출이라는 불법 행위가 벌여놓은 상황을 외면할 수도 있었고, 이에 편승하여 슬쩍 이득을 취할 수도 있었습니다. 그러나 각자의 자

**문중 후손들의
이선제 묘지 친견례**
2017년 9월 5일
국립중앙박물관에서
열린 친견례에서
광산 이씨 문중 후손들이
이선제 묘지를 살펴보고
있다.

리에서 자신과 문화재의 명예를 지킨다는 한마음으로 달려온 시간
들, 그 한마음으로 만들어낸 성과라는 생각에 감회가 남달랐습니
다. 서로 감사와 기쁨의 인사를 나누며 보람을 만끽하는 자리가 되
었지요.

　이제 온 국민의 더 큰 사랑을 받고, 한일 두 나라 우의의 증표
가 된 이선제 묘지. 문화재 반환의 모범이자 아름다운 기증의 사례
로 길이 기억될 것입니다. 이선제 묘지는 2018년 6월 국가지정문
화재보물가 되었고, 9월에는 이선제 묘역에 이선제 묘지 복제품이
안장되었습니다.

4

상처와 치유의 노력을
생생히 증언하다

신흥사 영산회상도

38도선 북쪽에 위치한 속초는 해방 직후 한국전쟁 직전까지 북한 지역에 속해 있었고, 한국전쟁을 겪으며 1951년 8월부터 1954년 11월까지는 미군정의 통치를 받았습니다. 이 시기 설악산 일대는 격전이 빈번했기에 민간인의 출입이 통제되었고, 스님들조차 절을 비워야 하는 주요 군사 지역이었습니다.

속초의 외설악 입구에 자리한 신흥사는 652년 창건되어 1400여 년의 불교문화를 간직해온 아름다운 사찰입니다. 설악의 봉우리들이 병풍인 듯 도량을 둘러싸고 경내 중심에는 극락보전 1749, 보물이 자리 잡고 있습니다. 법당 내부의 중앙 불단에는 아미타 부처님을 상징하는 불상, 곧 목조아미타여래삼존좌상 1651, 보물이 모셔져 있고, 불상 뒤쪽의 벽면에는 영산회상도가 모셔져 있지요.

영산회상도는 석가모니부처님이 인도 영축산에서 여러 대중에게 설법하는 모습을 재현한 불화입니다. 지금 극락보전에 모셔진 영산회상도는 1956년 제작한 후불화 불상의 뒷벽을 장식하는 불화입니다. 전쟁이 끝난 직후 모두 어려울 시절에 제작한 것으로 보아, 신

〈신흥사 영산회상도〉

조선 1755년, 비단에 채색, 335.3×406.4cm, 강원도 속초시 신흥사, 보물.
신흥사 극락보전의 후불화로, 1954년 불법 반출되었다가 66년 만인 2020년에 신흥사로 돌아왔다.

홍사가 영산회상도를 얼마나 소중히 여기는지 알 수 있습니다.

한국전쟁 당시 신흥사는 1755년에 제작한 영산회상도를 모시고 있었습니다. 그런데 민간인 출입 금지가 해제되어 스님들이 절로 돌아왔을 때는 영산회상도가 이미 사라져버린 뒤였습니다. 명부전에 있던 시왕도도 사라졌습니다. 전쟁으로 전국 곳곳의 고찰들이 훼손되었고, 폭격과 방화, 탈취 등으로 사찰이 소장하고 있던 불교 문화재도 큰 피해를 입었습니다. 당시 미군이 영산회상도를 가지고 갔다는 소문이 돌았지만, 행방을 확인할 길은 없었습니다.

200여 년간 스님과 불자들의 마음에 깨달음의 희망으로 간직되어온 성보聖寶, 영산회상도는 언제 어떻게 어디로 사라진 것일까요? 영산회상도의 소식이 전해진 것은 2007년 멀리 미국으로부터였습니다. LA카운티미술관LACMA은 미국 서부 지역 최대 규모의 미술관입니다. 동국대 정우택 교수가 미술관으로부터 불화 감정을 의뢰받았는데, 그 불화가 바로 신흥사 극락보전 영산회상도였던 것입니다.

불화의 출생, 그리고 전쟁이 남긴 상처

불화에는 화기畵記가 있습니다. 말하자면 불화의 출생증명서와 같습니다. 〈신흥사 영산회상도〉에도 건륭 20년영조 31, 1755 6월 신흥사가 영조, 정성왕후, 사도세자의 장수를 기원하기 위해 조성했다는 내용의 화기가 있었습니다. 불화 조성에 참여한 화승, 감수자, 염불자, 공양주, 당시 절에 머물렀던 스님의 이름까지 기록되었습니다. 화기에는 현재 신흥사의 한자명인 '新興寺'가 아닌 '神興寺'로 표기되어 있습니다만, 이는 신흥사의 한자를 1995년에 바꾼 까닭입니다.

LA카운티미술관은 1998년 미국인 소장가가 "아들이 새로 산 집의 다락방에서 발견한 그림인데 중국 벽지 같다"며 구입 요청을 해왔다고 했습니다. 둘둘 말린 그림을 조심스레 펼쳤더니 딱딱하게 굳은 화면은 부서지고 안료도 떨어져나갈 듯 상태가 몹시 좋지 않았다고 합니다. 게다가 날카로운 칼로 여섯 조각이 난 채였습니다. 그렇더라도 미국 서부 지역에서는 흔히 볼 수 없는, 화격이 높은 대형 한국 불화였습니다. 소장 가치는 의심할 바 없었지만, 원소장처를 떠나게 된 점과 여섯 조각난 상태가 석연치 않았습니다. 미술관은 원소장처로 여겨지는 신흥사에 "불화를 인수, 복원하여 LA 현지에서 대중들에게 정기적으로 전시하고 싶다. 불화를 원래 상태로 복원하는 데 필요한 많은 노력을 감수할 준비가 되어 있다"는 내용과 함께 "60일 이내에 신흥사 측으로 답장을 받지 못하면 불화를 인수하는 데 신흥사가 암묵적으로 인정하는 것으로 생각한다"는 내용의 공문을 보냈지만 응답을 받지 못했다고 했습니다. 미술관은 예술품을 구입하거나 손상된 예술품을 복원 및 보존 처리하여 많은 사람이 향유할 수 있는 환경을 조성하는 것이 본연의 임무입니다. 미술관은 불화를 매입했지만, 곧장 전시할 상태는 아니어서 일단 '석가여래설법도'라는 이름으로 수장고에 보관했습니다.

이 불화를 수장고에서 꺼낸 이는 2006년 미술관에 부임한 한국인 큐레이터 김현정 씨였습니다. 불화를 보고 나니, 문화 예술적 가치가 높은 한국 불화가 조각난 채 방치되고 있는 현실이 무척 안타까웠습니다. 미술관의 의도대로 한국 미술 문화에 대한 이해와 관심을 높일 기회를 만드는 것이 자신이 감당해야 할 몫으로 여겨졌습니다. 그리하여 2007년 정식으로 불화 감정을 의뢰하고, 한국의 서화 복원 전문가를 LA 현지로 초청해 불화를 복원하면서, 복원 및 보존 처리 과정 전체를 일반에 공개하는 LA카운티미술관의 아주 특별한 전시 프로젝트가 시작되었습니다.

사라진 영산회상도가 세상에 모습을 드러내자 신흥사 스님과 불자들은 놀라움을 금할 수 없었습니다. 존재한다는 사실만으로 더없이 기쁘고 가슴 벅찼지만, 동시에 당혹스러운 마음도 가누기 어려웠습니다. 누가 날카로운 칼로 불화를 여섯 조각낸 것인지, 언제 어떻게 미국으로 건너간 것인지 여전히 알 수 없는 것들이 많았습니다. 성보인 불화를 칼로 조각낼 수 있는 대담함은 불교에 대한 이

복원 전 〈신흥사 영산회상도〉

영산회상도는 1954년 신흥사에서 자취를 감췄다가 2007년 LA카운티미술관 수장고에서 여섯 조각으로
나뉜 채 발견되었다.

해와 정서가 없는 사람의 소행이고, 전쟁 시기 스님들이 사찰을 떠
나야 했던 시기에 당한 절취라는 데 짐작이 미치자, 상처를 입은 채
멀리 타국에 머물고 있을 불화의 처지가 고통스럽게 느껴졌습니다.

LA카운티미술관, 불화 복원 오픈 전시 프로젝트

LA카운티미술관은 곧 불화 보존 처리 및 복원 전문가인 용인대 박
지선 교수와 정재문화재보존연구소 복원 팀을 LA 현지로 초청했

습니다. 복원 팀은 보존 처리를 위해 필요한 모든 도구와 재료를
마련해 오랫동안 한국에서 LA로 실어 날랐고, 미술관은 가로 4미
터, 세로 3미터가 넘는 대형 불화를 펼칠 공간을 확보하기 위해 전
시장이었던 도자실을 비워 작업장으로 꾸며주었습니다.

복원 작업 오픈 전시 프로젝트는 2010년 9월부터 2011년
12월까지 진행되었습니다. 복원 및 보존 처리는 세밀함이 요구되
는 작업인 데다 낯선 곳에서 진행되었고 또 작업 현장이 공개되는
상황이고 보니 작업자들에게는 큰 부담이었습니다. 그렇지만 동
양 불화의 독특하고 정밀한 복원 작업을 가까이에서 지켜보며 경
이로움을 느꼈다는 관람객이 많았습니다.

박지선 교수와 복원 팀은 국적을 넘어선 관람객의 호응이 기
대 이상이었고, 미술관 연구자들의 조력과 협력도 어려움을 넘어
서는 보람을 느끼게 해주었다고 기억했습니다. "영산회상도는 정
말 좋은 불화었어요. 자부심이 생겼죠. 보존 처리에 참여한 사람은
물론이고, 이를 지켜본 사람들, 특히 한국 교포에게 굉장한 자긍심
이 됐을 거라 생각해요."

1년 4개월간의 작업 후 마침내 여섯 조각난 불화는 한 폭으로
잇대지고, 떨어지거나 빛바랜 색은 보존 처리되었습니다. 불화는
본래의 모습을 찾아야 했지만, 불화에 입혀진 세월의 흔적도 함께
남아야 했습니다. 그렇지만 복원 팀은 가로세로로 절단된 날카로
운 칼자국만은 남기지 않기로 했습니다. 전쟁으로 인한 혹독한 상
처이자 시련으로 여겨졌기에, 불화가 입은 가장 큰 훼손, 전쟁의
상처를 치유하고자 하는 간절한 마음을 붓 끝에 담았습니다. 18세

영산회상도 복원 과정

복원·보존 처리 과정은 관람객에게 공개되었다.
1. 불화에 아교 더하기 2. 배접지 제거를 위해 불화 펴기 3. 불화 연결하기 4. 보채하기

기 처음 불화를 그려낸 화승들이 그러했듯 21세기 복원 팀도 부처
님의 뜻이 불화로 다시 태어나길 기도하는 마음이 되었습니다.

　　본래의 우아함과 아름다움을 되찾은 영산회상도는 예상했듯
18세기 조선 불화의 아름다움이 잘 드러난 수작이었고, 미국 서부
지역에서는 볼 수 없는 압도적 규모가로 406.4cm 세로 335.3cm 였습니다.
격조 높은 한국 불화를 미국 사회에 소개하고 더 많은 관람객이 그

**LA카운티미술관의
영산회상도**

복원 완료 후
〈신흥사 영산회상도〉는
한국실 중앙에
전시되었다.

아름다움을 향유할 수 있도록 불화를 활용하고자 하는 미술관의
의지와 열의가 고무되었습니다.

그러나 신흥사와 국내 불교계의 관점은 달랐습니다. 불화는
아름다운 예술품이기 전에 종교적 예경의 대상인 성보입니다. 멀
리 미국 땅에서 탁월한 예술품으로 인정받고 본래의 모습도 되찾
았습니다만, 성보는 성보로서 본래의 자리에 있을 때 온전히 빛나
는 법입니다. 더구나 영산회상도는 전쟁 시기에 무단으로 유출된
약탈 문화재로 추정되어 더욱 안타까웠습니다. 영산회상도를 본
래의 자리로 돌려놓을 방법은 없는 것일까요?

환지본처還至本處, 본래의 자리로 돌아가는 것를 염원하는 신흥사와 조계
종에게 영산회상도의 환수 해법은 퍽이나 고민스러웠습니다. 박
물관도 영산회상도가 원소장처인 신흥사를 떠나게 된 석연찮은 과
정, 전쟁과의 관련 가능성도 생각하고 있었지만, 추정일 뿐이었습

니다. 미술관으로서는 소장 경위에 문제가 없었고, 매입 당시 확인해야 할 여러 조처도 취했으며, 불화에 대한 지원이나 활용 열의도 소홀함이 없었기에 국내 불교계는 섣불리 환수 이야기를 꺼낼 수 없었습니다. 일방적인 소문이나 추정이 아니라 양쪽 모두가 반출의 불법성에 대해 확정할 수 있는 구체적이고 확실한 증거가 있어야 했습니다.

1954년 봄과 가을 사이, 영산회상도

영산회상도는 연화대좌에 앉은 석가모니부처님이 화면 중앙에 있고, 부처님 주위를 여러 인물이 에워싸고 부처님의 설법에 귀를 기울이는 장면을 보여줍니다. 주위를 둘러싼 인물은 팔대보살과 십대제자 그리고 여러 수호신들입니다. 미술관의 전시실에 걸린 영산회상도를 바라보는 관람객은 마치 자신이 화면 속 설법의 자리로 이끌려 들어가는 듯한 느낌을 받습니다. 부처님 입가에는 은은한 미소가, 머리에서는 상서로운 기운이 사방으로 번져가지요. 불화 속 부처님의 자비가 정말 온 누리에 퍼진 듯, 생각지도 못한 일이 때를 맞춰 일어났습니다.

전쟁을 겪은 1950년대 이후 속초에는 지리적으로 접근성이 좋은 함경도에서 온 월남 실향민이 많았고, 오늘날의 속초는 정착한 이들에 의해 일구어진 도시라 할 수 있습니다. 그러나 이 시기의 생활상을 보여주는 기록이나 구술은 부족했습니다. 2005년 개관한 속초시립박물관은 지역 관련 자료를 수집하는 데 노력을 기울이고 있습니다.

2010년 미국인 폴 뷰포드 팬처 씨가 1953년 말부터 1954년 11월까지 미 육군 통신 장교로 속초에 근무하면서 찍은 속초 일대의 사진을 기증해왔습니다. 그 중 9점이 신흥사 사진이었습니다. 극락보전의 내부 모습도 촬영되었는데, 사진 속 불상 뒷벽에는 1755년에 제작된 영산회상도가 걸려 있었습니다. 팬처 씨는 1954년 5~6월 신흥사를 방문했다고 했습니다. 사진은 영산회상도가 그 이후 미군에 의해 불미스럽게 사라졌음을 알려주는 단서가 되었습니다.

당시는 미군정 시기로 군인만 설악산과 신흥사를 출입할 수 있었고, 이후 사라진 불화는 미국에서 발견되었으며, 칼에 잘려 여섯 조각 난 상태로 보아 누구라도 한국인은 아닌, 당시 신흥사를 출입한 미군에 의한 소행으로 추정할 수 있었으니까요.

2015년 신흥사는 팬처 씨의 사진을 근거로 LA카운티미술관에 영산회상도의 반환을 공식 요청하고, 협상의 권한을 조계종에 위임했습니다. 미술관도 미술관의 소장 경위는 위법하지 않지만 미군에 의한 영산회상도의 불법 반출 정황은 무시할 수 없게 되었습니다.

정황이 고스란히 찍힌 미군의 사진들

조계종과 LA카운티미술관은 반환에 대해 양측이 이해하고 동의할 수 있는 해법을 찾아나가기로 의견을 좁혀갔습니다. 추후 공동

조사 및 연구를 진행하고, 문화 예술 교류를 병행하며 상호 신뢰를 쌓아가는 중이었습니다. 그러다가 2019년 놀랍게도 신흥사 영산회상도가 약탈에 의해 반출된 정황을 반박할 수 없는 사진이 등장합니다.

한국전쟁에 참전한 리처드 브루스 락웰 씨가 속초시립박물관에 사진을 기증해왔는데, 폴 팬처 씨가 신흥사를 방문한 같은 해 10~11월에 촬영한 신흥사 극락보전 내부 사진이 있었습니다. 락웰 씨가 찍은 사진의 극락보전 뒷벽에는 불화가 사라지고 없었습니다. 팬처 씨와 락웰 씨가 촬영한 두 사진의 비교를 통해 영산회상도는 단순한 도난 문화재가 아니라 미군정 시기 미군에 의해 무단 반출된 약탈 문화재일 정황이 매우 구체화되었습니다. 가로 4미터, 세로 3미터가 넘는 데다 배접지를 일곱 겹이나 붙여 만든 초대형 불화는 카펫만큼이나 무겁고 커서 옮기기 쉽지 않았을 것입니다. 이를 휴대할 수 있도록 조각낸 뒤 미국으로 가져간 것은 아닐까요?

락웰 씨는 사실 신흥사에서 경판 한 점도 가방에 넣어 미국으로 가져갔습니다. 훗날 락웰 씨는 이러한 사실을 자진해 밝히고 속초에 사진을 기증할 때 경판도 함께 돌려주었습니다. 그는 한국에서 경판을 가지고 간 것에 대해 죄책감을 느껴왔다고 했습니다. 어떻게 돌려줘야 할지 몰랐는데, 경판을 원래 자리로 돌려줄 수 있게 되었다며 매우 기뻐했습니다.

락웰 씨의 기증 사진에는 불연佛輦, 불교 의식에 사용되는 의례용 가마을 들고 포즈를 취한 미군의 모습도 있고, 병사들이 신흥사 적묵당 앞

폴 팬처 사진
1954년 5~6월에 촬영된
신흥사 극락보전 내부.
영산회상도가 보인다.

에서 기와를 놓고 경내에 있는 목재를 이용해 불을 피우는 모습도 보입니다. 한국전쟁 시기 리영희 교수가 저서 『역정』에서 전쟁의 와중에서 자칫 불쏘시개로 영원히 사라져버릴 뻔 했던 신흥사 경판을 살려냈던 기억을 되살리며 문화재 보존에 대한 각성을 촉구한 바 있습니다. 리영희 교수가 회고한 전쟁 중 사찰 문화재의 피해 정황을 사진으로 찍어놓은 듯했습니다.

락웰 씨의 사진이 등장한 이후 조계종과 미술관의 영산회상도 반환 협상은 급물살을 타게 되었습니다. 2019년 6월 LA에서 열린 2차 환수 회담 자리에는 영산회상도의 환지본처를 염원하는 속초 시민의 모임인 (사)속초시문화재제자리찾기위원회도 함께 참여했습니다. 속초 시민들은 생존 주민의 구술 증언, 환수를 염원하는 지역민의 진심 어린 목소리를 모아 LA카운티미술관에 전달했습니다.

환지본처, 신흥사의 품에 안기다

LA카운티미술관은 영산회상도의 환지본처에 이견을 내세우지 않았습니다. 가능한 한 영산회상도를 무상 반환하여 한미 두 나라의 우의와 상호 신뢰를 바탕으로 한 문화 교류가 확대되기를 바란다며, 긍정적인 반응을 보였습니다. 미술관은 영산회상도의 반환 문제를 이사회의 안건으로 상정하여 그 결정에 따르겠다는 입장이었습니다.

이 날 회담 후 영산회상도를 친견한 속초 주민 누군가가 이렇게 말했습니다. 부처님의 눈길에서 '내가 꼭 돌아가마'라는 약속을 읽을 수 있었다고. 부처님의 약속은 틀림없었습니다. 2020년 6월 19일 마침내 조계종과 신흥사, 미술관 양측은 영산회상도의 무상 반환에 합의하고, MOU양해각서를 체결합니다.

1954년 봄에서 가을 사이 전쟁의 상처를 입고 신흥사를 떠나

**환지본처,
〈신흥사 영산회상도〉**

1954년 초여름에서
가을 사이
밀반출되었다가
긴 여정을 마치고
2020년 8월 28일
목함에 담겨 신흥사
극락보전으로 돌아왔다.

게 된 영산회상도가 고국 땅을 밟은 것은 66년 만인 2020년 7월 29일이었습니다. 돌아온 〈신흥사 영산회상도〉는 8월 27일 조계종 불교중앙박물관에서 고불식告佛式을 통해 일반에 모습을 보였습니다. 그렇게 귀향 소식을 전한 뒤 8월 28일 마침내 환지본처, 신흥사로 돌아왔지요. 신흥사는 환지본처한 성보의 여정과 귀환을 대내외에 널리 알리고, 이를 위해 많은 사람이 기울인 노력과 인연을 기리는 별도의 전각을 마련하여 영산회상도를 모실 계획입니다.

전쟁의 깊은 상처를 안고 멀리 바다를 건너 타국을 떠돌았던 불화, 큰 시련의 상처를 치유하고 본래의 환한 모습으로 돌아온 사찰의 성보 영산회상도는 이제 신흥사의 품 안에서 수많은 불자들과 속초 시민의 마음을 환히 밝힐 것입니다.

영산회상도와 함께 돌아온 〈신흥사 시왕도〉

명부전은 죽은 이의 넋이 극락왕생하길 기원하는 지장보살을 모시는 전각이다. 내부에는 죽은 자의 죄업을 심판하는 열 분의 시왕十王상과 함께 지장보살도·시왕도 등의 불화가 봉안된다. 〈신흥사 영산회상도〉와 함께 사라졌던 〈신흥사 시왕도〉 역시 LA카운티미술관이 소장하고 있었다. 2012년 문화재청 국립문화재연구원이 국외 소재 한국 문화재를 조사하면서 이를 확인했고, 주한 미군 폴 팬처 씨와 리처드 락웰 씨 두 사람이 촬영한 1954년의 명부전 내부 사진 비교를 통해 시왕도 역시 영산회상도와 사라진 정황이 같음이 밝혀지면서, 영산회상도와 함께 시왕도도 돌아왔다. 돌아온 시왕도는 모두 6점 3폭으로, 제2-제4-제6 시왕도, 제3-제5 시왕도, 제9 시왕도가 각 1폭씩이다. 신흥사 명부전에는 본래 시왕도 10점이 봉안되어 있었다. 돌아온 시왕도 6점 외 나머지 4점도 언젠가 다시 모이는 날이 있으리라 기대해본다.

〈신흥사 시왕도〉
각 124.4×93.9cm, 강원도 속초시 신흥사.
(위) 제2 초강대왕, 제3 송제대왕, 제4 오관대왕 (아래) 제5 염라대왕, 제6 변성대왕, 제9 도시대왕

윤리적 실천에 답한
미국과 독일의 두 박물관

백자청화 이기하 묘지·
조선시대 문인석

미국 클리블랜드미술관이 돌려준
백자청화 이기하 묘지

이기하李基夏, 1646~1718는 조선시대 숙종에게 큰 신임과 총애를 받은 무신입니다. 그가 역임한 다수의 관직을 보면 신임이 얼마나 도타 웠을지 짐작할 수 있습니다. 1676년숙종 2 무과에 급제하여 선전관, 비변사낭관, 도총부도사, 형조좌랑, 삼도수군통제사, 훈련대장, 공조판서 등을 두루 역임했습니다. 왕은 병이 난 그에게 약을 하사하기도 하고, 병석에서 일어나 조정에 나온다는 소식에 기뻐하기도 했습니다.

병자호란 때 남한산성에 고립된 인조를 구하기 위해 군사를 이끌고 싸우다 전사한 무신 이의배李義培, 1576~1637가 그의 증조할아 버지이고, 더 거슬러 올라가면 고려 말 문신 목은 이색李穡, 1328~1396의 후손입니다. 이색은 한산 이씨의 중시조후손으로서 가문을 일으킨 사람이지요.

백자청화 이기하 묘지

조선 1734년, 총 18점, 각 22×18cm, 충청남도역사박물관 소장.
조선시대 사대부의 전형적인 백자청화 묘지로 색이 선명하고 보존 상태가 매우 좋다.
2022년 미국 클리블랜드미술관이 돌려주었다.

당대 최고의 무관, 이기하

당대 으뜸가는 무관이었던 이기하가 세상을 떠나고 16년이 흐른 1734년, 후손들은 백자청화로 묘지墓誌를 만들어 묘소에 묻습니다. 묘지는 고인을 추모하는 기록물입니다. 묘지를 통해 고인의 생전 업적을 기리고, 고인에 대한 경의를 표하지요. 이기하의 묘지도 그의 가족사부터 무관으로서 쌓아올린 업적, 애국애민의 행적 등 그의 삶을 전합니다. "비록 무예를 익혔으나 행동은 바로 유생이었다", "자신을 단속하여 청렴에 힘썼도다", "후인에게 고하노니, 이분을 공경하라. 깊이 마음에 두고 잊지 말라"는 구절들은 묘지라는 부장품의 성격과 이기하 개인의 일생, 성품을 떠올리게 합니다. 묘지의 글은 조선 중·후기 이조좌랑을 역임한 문신 이덕수李德壽, 1673~1744가 썼습니다.

이기하 묘지는 18세기 조선시대 상류층 무덤에서 발견되는 전형적인 백자 묘지입니다. 묘지는 돌이나 도자로 만듭니다. 조선시대에는 대부분 도자로 만들었습니다. 백토를 써서 직사각형의 판을 만들고 청화 안료로 글씨를 써 높은 온도에 구웠지요. 청화로 쓴 글씨는 색감이 선명하고, 전체 보존 상태가 매우 좋습니다.

보통 묘지가 4~5매 정도로 구성되는 데 견주어, 이기하 묘지는 총 18매로 그 수가 압도적입니다. 판의 오른쪽 단면에 총 매수 중 몇 번째인지 쓰여 있어, 18점이 완질인 것을 알 수 있습니다. 1매의 크기는 가로 18센티미터, 세로 22센티미터 안팎입니다. 이기하 묘지의 마지막 부분에는 묘지가 제작된 연대1734가 기록되어 있습니다.

이기하 묘지
첫 장과 마지막 장

총 18매로 구성된 묘지의 첫 장(왼쪽)과 마지막 장이다. 가족사부터 무관으로서의 각종 업적, 애국애민 행적 등이 3400여 자의 해서체로 적혀 있다.

유서 깊은 클리블랜드미술관의 한국 컬렉션

국외소재문화재재단은 2015년부터 2016년까지 미국 클리블랜드미술관The Cleveland Museum of Art이 소장한 한국 문화재의 실태를 조사했습니다. 국외 소재 문화재 실태 조사는 재단의 주요 업무 중 하나입니다.

1916년 개관한 클리블랜드미술관의 한국 컬렉션은 미술관의 역사만큼이나 유서 깊습니다. 동양 미술을 전체적으로 이해하려면 한국 미술을 빼놓을 수 없다는 판단 아래 일찍이 개관 때부터 동양 미술을 담당하는 학예사를 두었고, 한국 유물을 수집하는 현장 조사관을 고용하여 한국으로 파견했습니다. 당시 파견된 학예사는 하버드대학교 미술관 출신의 랭던 워너1881~1955로, 1916년 한국을 방문했습니다. 그는 고려청자를 구입하고자 했으나 바라는 수준의 고려청자를 구하지 못하고, 아미타삼존불상을 전당포에서

백자청화 이기하 묘지·조선시대 문인석

클리블랜드미술관에서 열린 전시회
1921년 8월 31일부터 10월 3일까지 클리블랜드미술관에서 열린 〈한국의 도자, 복식 그리고 회화〉
전시회 모습이다.

발견해 흥정 끝에 샀다고 합니다. 이 아미타삼존불상은 클리블랜
드미술관이 소장하고 있습니다.

　　미술관이 소장하고 있는 한국 미술품 대다수는 고려시대 청자
입니다. 대부분이 루이스 세브란스[1838~1913]와 그의 아들 존 세브란
스[1863~1936]가 기증한 유물입니다. 우리나라 최초의 근대식 서양의
학 병원이었던 세브란스병원과 의과대학을 세운 바로 그 세브란스
입니다. 1907년 세브란스병원의 건설 현장을 보기 위해 루이스 세
브란스가 서울을 방문하기도 했습니다만, 대부분은 그의 주치의
였던 어빙 러들로[1875~1961] 박사가 세브란스의학전문학교에서 근무
하던 1912년부터 1938년에 구입한 고려청자들입니다.

청자음각앵무
무늬정병

고려 12세기, 높이 35.3cm,
미국 클리블랜드미술관 소장.
아름다운 비색과 제작 기법이
뛰어난 고려청자 정병으로
국내 박물관에서도
보기 드문 유물이다.

금동아미타여래 삼존상

조선 15세기, 높이 40.6cm,
미국 클리블랜드미술관 소장.
연꽃 가지로 연결된 독특한
형식의 삼존불상이다.

백자청화 이기하 묘지·조선시대 문인석

한국 문화재 실태 조사로 미술관과 인연을 맺은 재단은 미술관이 이기하 묘지를 보관하고 있다는 사실을 알게 되었습니다. 미술관은 1998년 기증받았다고 합니다. 재단은 2020년 《미국 클리블랜드미술관 소장 한국 문화재》를 발간하면서, 이기하 묘지의 원 소장자가 한산 이씨 문중이라는 점을 확인하고 문중에 연락을 취했습니다.

이장 때 수습한 묘지, 보관 중 분실

이기하 묘소는 경기도 시흥에 위치해 있었습니다. 묘지는 1994년 경기도 시흥에서 이천으로 이장할 때 수습하였다고 합니다. 당시 묘지를 직접 수습한 후손 이한석 씨에 의하면, 묘지는 관 위를 덮은 상태로 놓여 있었습니다. 수습한 묘지는 이장한 묘에 묻지 않고 문중의 한 원로가 맡아 보관해왔는데, 이후 그만 분실하고 말았습니다. 재단을 통해 비로소 선조의 묘지 행방을 알게 된 문중은 사실 확인과 이후 미술관과의 연락 등 일체의 대응을 재단에 위임했습니다.

국제박물관협의회ICOM는 무덤 부장품, 사찰 봉안물 등 출처가 분명하게 확인되는 유물은 본래 소장처로 돌려보내는 게 바람직하다고 윤리 강령을 통해 밝혀두고 있습니다. 그러나 권고 사항일 뿐 강제성이 없다는 한계가 있습니다.

클리블랜드미술관은 재단을 통해 한산 이씨 문중으로부터 연락을 받고 나서야 문중이 묘지를 분실한 사실을 알게 되었습니다.

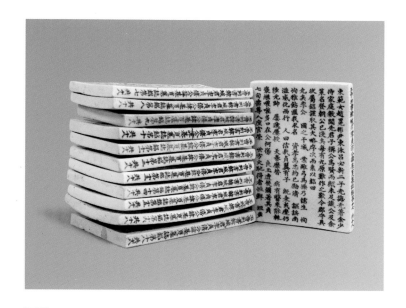

──────
이기하 묘지 우측면

묘지 판형의 우측에는 관직과 이름이 적혀 있고 총 18매 중 몇 번째인지도 쓰여 있어 온전히 한 세트라는 것을 알 수 있다.

미술관은 "한국의 친구들, 동료들과 함께한 오랜 협력의 역사가 있기에, 올바른 결과를 위해 노력하겠다"고 했습니다. 그리고 곧 이기하 묘지를 한국에 돌려주기로 결정합니다. 2022년 2월 8일 미국 클리블랜드미술관이 소장해온 백자청화 이기하 묘지는 한국으로 돌아왔습니다.

국제박물관협의회가 수집의 윤리성을 강조하지만, 이를 실천한 사례는 그리 많지 않은 게 현실입니다. 설령 수집 과정에 문제가 있더라도 이를 입증하는 문제로 다툼이 벌어지거나 유야무야되는 경우도 적지 않습니다. 이기하 묘지는 국외의 한국 문화재 소장 기관이 오직 협상만으로 개인직계 후손에게 돌려준 사례이기에 의미가 더 큽니다.

수집의 윤리성 실천을 제시하다

근래 미술관과 박물관 등은 작품을 구입하거나 기증받을 때 그 작품의 이력 확인을 매우 중요한 절차로 받아들이고 있습니다. 오래 전 기증을 받거나 구매하여 소장하게 된 작품도 수집 과정의 윤리적 문제를 연구해 그 투명성을 밝히는 데 노력하고 있지요.

재단은 묘지의 직계 후손을 찾아 반출 정황을 알아냈고, 클리블랜드미술관은 묘지를 기증한 개인 소장자를 통해 국외로 반출된 이후의 작품 소장 경로를 알아냈습니다. 묘지 분실 후 국외로 반출된 경로가 밝혀지면서 미술관은 이기하 묘지를 직계 후손에게 반환하기로 결정하였던 것입니다. 클리블랜드미술관이 전문기관답게 사려 깊은 윤리적 실천 방식으로 답해준 것입니다.

문중은 이기하 묘소가 현재 충남 예산에 있는 것을 고려해 돌려받은 묘지를 충청남도역사박물관에 기증했습니다. 돌아온 이기하 묘지는 2022년 4월 4일, 충청남도역사박물관 특별전 개최와 함께 공개되었습니다.

독일 로텐바움세계문화예술박물관이 자진 반환한

조선시대 문인석

1840년대 독일 함부르크 시립도서관의 민속학 컬렉션으로 시작한 독일의 함부르크민족학박물관은 2017년 로텐바움세계문화예술 박물관^{Museum am Rothenbaum Kulturen und Künste der Welt, 이후 로텐바움박물관으로 표기}으로 이름을 바꿉니다. 2016년까지만 해도 여러 민족의 민속학을 다룬 '민족학 박물관'을 표방했습니다만, 과거 제국주의와 식민주의에 기대어 유럽의 박물관이 이루어졌던 점, 비서구권 문명에 대해 심은 부적절한 편견, 소장품들 또한 부적절한 경로로 이뤄졌다는 문제의식 아래 이룬 새 출발이었습니다. 세계의 모든 문화를 수집한다는 제국적 문화 정책을 수행했던 이 박물관은 2700여 점 규모의 한국 컬렉션을 소장하고 있었습니다.

박물관의 용감한 고백

국립문화재연구원은 로텐바움박물관과 함께 2014년부터 박물관이 소장하고 있는 한국 문화재들을 조사해오고 있었습니다. 이 과정에서 박물관의 큐레이터 수잔네 크뇌델^{Susanne Knödel}이 조선시대 문인석 한 쌍의 입수 과정에 문제가 있음을 감지합니다.

　　문인석은 무인석과 함께 능과 묘의 봉분 앞에 세우는 석상입니다. 무덤을 지키는 상징적인 역할을 담당하지요. 묘를 지키고 서있어야 하는 석물이므로, 다른 장소로 옮겨질 가능성은 크지 않습

백자청화 이기하 묘지·조선시대 문인석

조선시대 문인석

조선 16세기 후반~17세기 초반, 높이 131cm(왼쪽), 123cm(오른쪽), 국립민속박물관 소장.
대부분의 문인석이 입을 다문 것과 달리 한쪽이 입을 벌린 채 쌍을 이루고 있다.

니다. 박물관의 큐레이터는 문인석이 정상적으로 유통이 가능한 유물이 아니란 점에 주목했습니다.

박물관은 출처를 확인하기 시작했습니다. 1987년 독일인 사업가로부터 구입해 소장해왔던 것인데, 이 사업가가 1983년 인사동 골동상을 통해 구입한 뒤 이불로 둘둘 감아 이삿짐용 컨테이너에 몰래 숨겨 반입한 사실을 비로소 알게 되었습니다. 박물관은 자진하여 문인석이 불법적인 경로로 입수된 사실을 밝히며, "반환 요청서를 보내 달라. 적극적으로 검토하겠다"는 의사를 국외소재문화재재단에 먼저 밝혀왔습니다. 국외 박물관이 불법 유통이 의심되는 소장품의 출처와 성격을 원산지 국가에 문의하고, 자체 조사를 거쳐 불법 반출 사실을 확인한 뒤 스스로 반환하는 극히 이례적 사례가 생기는 순간이었습니다.

스스로 자세히 살피고 되묻겠다

"약탈 문화재는 원소유주에게 돌아가야 한다"거나 "문화재 불법 거래 금지"라는 국제 사회의 문화재 관련 협약들이 권고 사항에 불과하다는 한계는 늘 지적되어 왔습니다. 로텐바움박물관은 "이번 사례는 역사적 문화재에 대한 불법 수출이 오랫동안 사소한 범죄로 여겨져 왔고, 박물관 스스로도 자세히 살피지 않고 되묻지 않았다는 사실을 보여준다"며 "1970년 유네스코협약을 적용해 귀중한 유물을 돌려주게 되어 기쁘고, 한국 측과 협업을 견고하게 지속하는 과정이 한 걸음 더 진전되길 바란다"며 반환을 결정한 의의와 바람

백자청화 이기하 묘지·조선시대 문인석

로텐바움세계문화예술박물관
독일 함부르크에 위치한 박물관으로 2700여 점 규모의 한국 컬렉션을 소장하고 있다.

을 함께 전했습니다. 그리고 박물관은 반환 직전 전시회를 열어 한국의 조선시대 문인석 한 쌍을 소개하고 자국 관람객들에게 이 문인석을 한국으로 돌려보내는 까닭과 그 과정을 알렸습니다. 불법성을 알게 된 이상 그냥 묻고 가지 않겠다는 박물관의 강한 의지와 입장을 표명한 것입니다.

2019년 3월 19일, 36년 만에 다시 돌아온 조선시대 문인석 한 쌍은 여느 문인석처럼 관복을 입고 양손으로 홀笏을 쥐고 선 모습입니다. 16세기 말~17세기 초 제작된 것으로 추정되며, 한 점은 높이 131센티미터, 다른 한 점은 높이 123센티미터입니다. 독일에서 돌아온 문인석은 국립민속박물관이 양도받았습니다.

함부르크에서 열린 문인석 반환식
로템바움박물관은 조선시대 문인석의 불법 반입을 확인한 뒤 자발적으로 반환을 결정했다.

문화재 불법 거래, 스스로 경계해야

20세기 초 제국주의 시대에 서구의 미술관이나 박물관 등은 유물의 출처를 조사하거나 그 불법성 여부를 확인하지 않았습니다. 그러나 세계대전을 거치며 문화재 약탈 및 불법 반출입 문제가 국제 사회 이슈로 대두하자, 각국의 문화재 보호와 환수의 목소리도 힘을 얻게 되었습니다.

1954년 헤이그협약, 1970년 유네스코협약, 1995년 유니드로와협약 등을 통해 무력 충돌 시 문화재 보호, 문화재의 불법 반출입 및 소유권 양도 금지, 도난 및 불법 반출 문화재의 반환에 대한 국제 사회의 합의를 진전시켜왔습니다. 수집 행위에 대한 윤리성

백자청화 이기하 묘지·조선시대 문인석

을 제시한 국제박물관협의회의 윤리 강령도 같은 맥락입니다. 우리도 국제 사회의 이러한 경험과 성과를 살피고 공유하며 연대와 협력으로 문화재 수집 행위의 윤리적 실천에 발맞추어가고 있습니다.

미술관이나 박물관 같은 공공 기관뿐만 아니라 오늘날 문화재 불법 거래 문제는 개인의 삶에도 직접적인 영향을 미치고 있습니다. 개인적 수집 욕구도 불법 거래로 연결될 수 있으니까요. 문화재 취득 시 출처 확인을 게을리한다면 체포되거나 재산상 손실을 피할 수 없게 될 수 있습니다.

영국의 팝 가수 보이 조지는 1985년 영국 미술상에서 예수 성상화를 구입했습니다. 이 성상화는 1974년 터키가 키프로스를 침공했을 때 성 샤랄람보스교회에서 약탈한 것이었습니다. 성상화가 도난품인 이상 보이 조지 또한 합법적 취득을 인정받을 수 없었습니다. 그는 즉각적이고 무조건적인 반환으로 명예를 지켜냈습니다.

2007년 영화배우 니콜라스 케이지는 뉴욕 경매를 통해 몽골 공룡의 두개골 화석을 낙찰 받았습니다. 그러나 '타르보사우르스 바타르'라고 불리는 이 공룡의 화석은 몽골 정부가 1924년 국외 반출을 법률로 금지해놓고 있었습니다. 니콜라스 케이지는 화석을 취득하면서 출처를 확인하지 않았고, 결국 몽골 정부에 화석을 반환했습니다.

타르보사우르스 바타르 공룡 화석의 경우, 우리나라도 2017년 몽골에 반환한 사례가 있습니다. 2014년 몽골에서 한국인 밀매업자들이 몽골인에게 돈을 주고 고비사막에서 공룡 화석을 도굴하여 국내로 불법 반입하였는데, 이를 다시 반환한 것입니다. 문화재청과 대검찰청은 불법 반출이 명확하게 입증된 사건이기에 반환을 하였고, 이는 우리 정부가 외국 문화재를 해당 국가에 반환한 최초의 사례입니다. 몽골 정부는 자국의 중요 문화재인 공룡 화석 반환에 깊은 감사를 표하며 두 나라의 우호 증진을 위해 공룡 화석 전체를 우리나라에 장기 임대해주었습니다. 현재 공룡 화석 원본에 대한 두 나라의 공동 연구가 진행되고 있습니다.

이처럼 문화재 거래의 윤리성 확보를 위한 출처 확인은 점차 개인이나 정부는 물론이요, 전문기관인 박물관이나 미술관 등의 의무 사항으로 받아들여지는 추세입니다. 그러나 출처 확인의 문제가 그리 간단한 것은 아닙니다. 출처 기록이 부재한 경우도 있고, 여러 차례 이전되어 추적이 어려운 경우도 있고, 도굴처럼 원소재 확인이 차단되거나 조작되기도 하니까요. 출처 확인 과정에서 신뢰의 문제도 발생하기에 취득자에게 도난 여부를 확인하는 과정과 노력에는 그야말로 '상당한 주의'를 기울여야 합니다.

6

우리는 한국 예술과 함께
살아가야 합니다

고종 어보 등 문화재 93점

민간 노력으로 돌아온 문화재

2013년 6월 서강대학교 로욜라도서관 전시실. 초등학교 교실의
반도 안 되는 아주 좁은 공간에 전시품 또한 사진 80여 점과 노트·
감사패·책자·향수병 등 유품 15점, 신문 스크랩들 정도가 전부일
만큼 조촐했습니다. 하지만 전시품에 밴 우리 문화재에 대한 그의
열정만은 작은 전시 공간을 흘러넘쳐 지구를 한 바퀴 돌고 온 것처
럼 강력히 전해졌습니다. 전시의 주인공은 조창수 씨, 미국 스미스
소니언국립자연사박물관의 아주 특별한 스페셜리스트였습니다.

1925년 평양 출생 / 조부는 조익순 선생으로 평양에서 처음으로
단발을 하고 양복을 입으신 우리나라 최초의 서양 의사로 알렌의
친구분이다. 개화사상가의 집안에서 성장 / 경기공립고등여학교
경기여중고의 전신를 졸업. 태평양전쟁 말에 일본으로 유학 / 일본여자
대학 인류학과에서 수석, 첫 미국 국비유학생으로 선발 / 일본에
서 미국까지 석 달에 걸쳐 배를 타고 도미 / 일리노이주 맥머레이
대학교 학사 / 워싱턴주립대학교 민속학 석사 / 스웨덴계 미국인

고종 어보

1900년, 옥, 10.2×10.2cm, 국립중앙박물관 소장.
용 모양 손잡이에 황제라는 글씨가 새겨져 있다. 미국 경매 시장에 나온 것을 조창수 씨가 구입하여
기증하였다.

―――
〈한국의 자랑스러운 딸 : 고 조창수 추모전〉
2013년 6월 10일부터 21일까지 서강대학교 로욜라도서관에서 열렸다.

스완슨 씨와 결혼, 슬하에 1남 1녀를 둠 / 이혼 후 혼자서 아이 양
육과 학업을 병행 / 44년간 스미스소니언국립자연사박물관의 아
시아 스페셜리스트로 근무 / 한국으로 귀국하여 외아들 에릭 스완
슨 씨의 병간호를 받다가 2009년 지병으로 타계.

전시실에 소개된 이력만을 놓고 보아도 유복한 가정에서 태어
나 원 없이 공부하여 평생 박물관이라는 한 우물을 성실히 파온 일
꾼임에 틀림없습니다. 그러나 그는 그 이상이었습니다. 〈한국의
자랑스러운 딸 : 고 조창수 추모전〉을 통해서 그를 처음 알게 된 김
병종 화가는 주저 없이 그를 '문화 전사'라 칭했습니다.

민간 노력으로 돌아온 문화재

조창수

44년 동안 미국 스미스소니언
국립자연사박물관에서 근무하면서
우리 문화재를 환수하고 한국 문화를
세계에 알리는 데 헌신했다.
2009년 한국으로 돌아와 생을 마쳤다.

고종 어보 등 문화재 93점의 반환을 성사시킨 문화 전사

조창수[1925~2009] 씨는 1965년부터 44년 동안 세계 3대 박물관 중 하
나인 미국 스미스소니언국립자연사박물관에서 아시아 담당 학예
관으로 근무한 민속인류학자입니다. 평생 한국을 비롯한 아시아
문화 연구에 몰두하면서, 수많은 우리 문화재를 찾아내 재정리했
지요. 18~19세기 일본과 한국의 유물을 정리해《한국 인류학에 관
한 문헌 목록》,《은둔의 나라 민족지학》등 20여 권의 책을 펴냈
고.〈한국미술 5000년전〉[1981],〈한미수교 100주년 기념전〉[1982],
〈스미스소니언의 한국문화유산〉[1987],〈한국현대도예전〉[1997],〈한
국인 미주 이민 100주년 기념 사진전〉[2003] 같은 굵직한 한국 소개
전시회를 기획하고 추진했습니다.

스미스소니언국립자연사박물관이 2007년 단일 국가관으로는 최초로 한국관을 개관할 수 있었던 것도 그의 역할이 결정적이었지요. 한국관에 전시된 문화재들은 조선시대의 전통 의상, 무기류, 민속화를 비롯한 조선 후기의 민속품으로 당시 역사를 한눈에 알려주는 유물들입니다. 2009년 스미스소니언을 떠날 때에도 조창수 씨는 자신의 것을 아낌없이 내어놓았습니다. 4억여 원의 가치가 있던 자택도 '아시아문화 발전기금'으로 사용하도록 스미스소니언에 기증했습니다.

한국에서 호텔리어로 근무하는 조창수 씨의 아들 에릭 스완슨 Eric Swanson 씨는 작고한 어머니의 뜻을 누구보다 잘 알았기에 어머니가 소장했던 소중한 문헌 자료 357권을 서강대학교에 기증하며, 어머니의 생전 활동과 문화재 사랑의 열정을 소개하는 작은 전시회를 2013년에 열었던 것입니다. 그가 기억하는 어머니는 전 세계에 한국의 역사, 문화, 예술을 소개하고 전파하는 일에 푹 빠진 분이었습니다.

언뜻 자연사박물관으로 유명한 스미스소니언과 한국의 연결점을 찾기가 쉽지 않습니다만, 제국주의 시절 서구 국가들이 대부분 그랬던 것처럼 스미스소니언의 관심도 전 세계에 걸쳐 있었습니다. 스미스소니언은 단순한 박물관이 아닙니다. 1846년 '지식의 증대와 유포'를 목적으로 설립되었으며, 19개의 박물관과 미술관, 9개의 연구소, 동물원 등으로 구성되었고, 수많은 연구 기관과 협력 관계를 맺고 있는 거대한 학술기관입니다.

스미스소니언은 1884년에 이미 조선의 유물을 수집하기 위해

해군 소위 존 버나도[1858~1908]를 특파원으로 파견한 바 있습니다. 버나도가 조선에서 수집해간 유물은 156점이었습니다. 조창수 씨가 스미스소니언 창고에 있던 이들 유물을 처음 만난 것은 1980년대 중반입니다. 당시 스미스소니언이 소장하고 있는 한국 유물은 무려 5300여 점에 이르렀습니다. 이때부터 아시아 스페셜리스트 조창수 씨는 한국 문화재를 세상에 알리는 것에 삶의 초점을 맞추었습니다.

조선 왕실 의례에 쓰인 최고의 왕권 상징물, 어보

1987년 조창수 씨는 한 미국인 소장가가 한국 관련 유물을 경매에 내놓는다는 소식을 들었습니다. 경매에 나온 유물 중에는 고종 어보, 순종 어보, 명성황후 어보가 포함되어 있었습니다. 어보御寶는

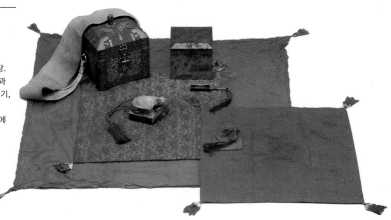

왕실의 소중한 자산으로, 개인이 소장할 수 없는 물건입니다. 그는
조선 왕실의 소중한 유물이 불법적으로 유통된 것을 알아챌 수 있
었습니다. 그리고 자신의 힘으로 반드시 그것들을 한국으로 돌려
보내겠다고 결심합니다.

조선왕조는 나라를 다스리는 왕실을 대표하는 각종 상징물을
만들었습니다. 그 중 하나가 왕과 왕비 등 왕실 가족의 인장인 어
보입니다. 조선왕조의 인장으로는 어보 말고도 국새國璽가 있으나
용도가 다릅니다. 어보는 주로 존호尊號와 시호諡號를 올리는 등 각
종 궁중 의식을 치를 때 의례용으로 사용되었으며, 국새는 외교 문
서를 비롯한 각종 공문서에 공적 목적으로 사용되었습니다(이 책
228쪽 '조선왕조 인장 일괄' 참조).

어보는 높이가 대략 10센티미터, 무게 2~7킬로그램 정도이
며, 대부분 사각의 몸체에 거북이나 용 모양의 손잡이에 끈이 달린

모습입니다. 거북 모양의 손잡이 장식은 왕을 상징하고, 용은 황제를 상징합니다. 재료로는 금, 은, 옥 등이 사용되었으며, 재료에 따라 금보, 은보, 옥보라고도 부릅니다. 어보의 인장 부분에는 왕, 왕비, 세자, 세자빈 등의 시호, 존호, 묘호, 휘호 등을 새겼습니다. 도장에 새긴 글자는 적게는 4자, 많게는 100자가 넘는 것도 있습니다.

어보는 종묘에 보관되었습니다. 비단보자기로 어보를 싸서 내함內函에 넣은 뒤, 내함을 또 비단보자기로 싸서 외함外函에 넣었습니다. 보관할 때에도 어보를 보호하고 장식하기 위해 매우 세심하게 신경을 썼습니다. 어보 제작 시에는 내함, 외함 등의 상자를 포함하여 이를 싸는 보자기, 묶는 끈, 열쇠, 자물쇠 등 많은 부속 물품도 함께 제작되었습니다.

나라와 왕실의 권위를 상징하는 '성보聖寶'로 각별히 보존되어 왔습니다만, 어보와 국새 등 조선왕조 인장들은 일제강점기와 한국전쟁 등 나라의 혼란기에 분실되거나, 도난과 약탈 문화재로 불법 해외 반출된 것이 적지 않습니다.

조창수 씨는 미국 경매 시장에 어보를 포함한 한국 문화재가 나왔다는 소식을 듣자마자 소장가를 찾아갔습니다. 소장가는 한국전쟁에 참전했던 미국인으로 1951년 당시 서울의 시장에서 25달러를 주고 이 유물들을 사와 보관하고 있었습니다. 유물들이 한국인에게 얼마나 소중한 것이며, 왜 한국으로 돌아가야 하는지를 조목조목 설득했지만 기증 결정을 이끌어낼 수는 없었습니다. '도난 문화재'는 스미스소니언의 구매 대상도 아니었습니다.

명성황후 어보

1921년, 옥, 11.4×11.4cm, 국립중앙박물관 소장.
명성황후에게 휘호를 올리면서 만든 어보로 거북 모양 손잡이 옆면에 끈을 달았던 구멍이 나 있다.
조창수 씨의 기증 유물 중 하나이다.

조창수 씨는 직접 유물 구입에 나서기로 마음먹습니다. 미국에 살고 있는 한인 교포들이 뜻을 모아주었습니다. 음악회, 자선의 밤 같은 행사를 열어 적극적으로 돈을 모았고 마침내 고종 어보를 포함한 유물 93점을 인수, 1987년 6월 16일 국립중앙박물관에 기증할 수 있었습니다.

조선 왕실과 대한제국 황실의 어보는 2022년 현재 모두 333과顆, 어보를 세는 단위가 전합니다. 국립고궁박물관이 324과, 국립중앙박물관이 7과, 고려대학교박물관이 2과를 소장하고 있습니다. 다행히 2011년에는 성종비 공혜왕후 어보 1과를 경매에서 구입하여 찾아온 일이 있고, 2014년에는 미국 국토안보수사국HSI과 문화재청이 수사 공조로 고종 어보인 수강태황제보 1과, 2015년에는 미국 시애틀미술관이 기증한 덕종 어보 1과, 2017년에는 미국 LA카운티미술관LACMA이 기증한 중종비 문정왕후 어보 1과와 현종 어보 1과, 2019년에는 효종 어보 1과가 재미 교포의 기증으로 돌아온 바 있습니다.

이들은 모두 한국전쟁 때 해외로 유출된 어보들로, 반출의 불법성이 밝혀지면서 속속 돌아올 수 있었습니다. 조선왕조의 어보는 명백히 개인이 소장할 수 없는 유물입니다. 조창수 씨가 교포들과 함께 발 벗고 나서서 돌려놓은 어보 3과는 이후 적지 않은 조선왕조 인장들이 돌아오는 데 물꼬를 트는 역할을 한 셈입니다. 무엇보다 조선왕조 인장의 높은 문화재적 가치를 알리고, 전시戰時 불법 반출 문화재에 대한 여론을 크게 환기시켰으니까요.

어보는 금, 은, 옥 같은 귀한 재료를 사용한 데다 용이나 거북

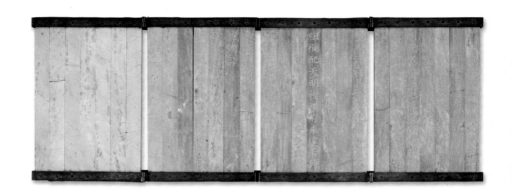

철인왕후 옥책

1908년, 옥, 26×71cm, 국립중앙박물관 소장.
철종을 장황제로 추존하면서 그 비인 철인왕후에게도 장황후라는 존호를 올릴 때 제작한 옥책이다.

모양의 아름다운 손잡이를 갖춘 예술품이자 제작 연대를 명확하게
확인할 수 있는 소중한 기록 유산이기도 합니다. 어보의 이와 같은
문화적 가치는 인류문화사적인 것이어서 유네스코는 '조선 왕실
어보와 어책'을 2017년 세계기록유산에 등재했습니다.

조창수 씨의 기증품 중 단연 눈길을 끄는 것은 고종, 순종, 명
성황후의 어보 3과입니다. 고종 어보는 옥을 깎아 만든 옥보로, '황
제皇帝'라는 글자가 새겨 있고, 손잡이는 거북이 아니라 용으로 장
식되어 있습니다. 고종이 대한제국을 선포하고 황제에 등극한 이
후에 제작된 어보입니다. 순종 어보는 회녹색의 옥석을 깎아 만들
었는데 손잡이와 인장이 한 돌이며, 글씨는 전서체로 6행 6자씩 양
각으로 새겨져 있습니다. 명성황후 어보 역시 옥보이며, 손잡이는
거북 모양입니다. 1921년 명성황후에게 휘호를 올리면서 제작한

옥보입니다.

조창수 씨가 기증한 유물은 어보 3과 외에도 고종이 순종을 세자로 책봉할 때 내린 교명敎命을 적은 비단족자, 옥으로 된 철인왕후 옥책과 황태자 책봉 금책, 비단 복주머니, 허리띠 장식, 청자 상감풀꽃무늬유병, 조선박람회 기념 사진첩 등과 돌화살촉, 반월형돌칼, 방추차, 슴베찌르개, 돌칼, 돌도끼 등 고고考古유물을 포함하고 있습니다.

당신에게 배웁니다. 문화재를 지키고 사랑하는 법을

타향에서도 고국을 잊지 않았던 조창수 씨의 모습과 소신은 주변 사람들의 기억에도 강렬히 남아 있습니다. 아들 에릭 스완슨 씨는

고종 어보 등 문화재 93점

**조창수 씨와
아들 에릭 스완슨 씨**

조창수 씨의 아들
에릭 스완슨 씨는
2013년 어머니의
유품과 민속학 관련
도서들을 서강대학교에
연구자료로 기증하였다.

이렇게 말합니다. "어머니는 한국의 문화를 지키는 것이 자신의 임무인 것처럼 평생 사셨습니다. 그런 모습을 보며 저는 한국을 배우고 사랑하게 되었습니다."

이문웅 서울대학교 인류학과 명예교수는 "애정이 있는 사람이 이런 표본을 다루니 정말 다르다는 걸 느꼈다. 인류학의 의미를 살려주신 분, 일깨워주신 분이었다"고 했습니다.

기자 출신 기업가 육동인 씨는 1999년 스미스소니언에서 자원봉사자로 일하던 중, 1884년에 존 버나도가 수집해 스미스소니언에 가져온 한국 유물들을 다룬 도록 《은자의 나라 민족지》의 편집 작업을 도운 적이 있습니다. 당시 고희를 훨씬 넘긴 나이였던 조창수 씨가 열정적으로 일에 몰두하는 모습을 보며 '문화와 역사'에 대해 다시 한 번 돌아보고 생각하게 되었다고 합니다.

스미스소니언국립자연사박물관 한국관을 개관하였을 때 시

민간 노력으로 돌아온 문화재

인 최연홍 씨는 다음과 같은 축시를 썼습니다.

> 고향을 떠나 멀리 사는 사람들은
> 고향을 그리며 살아갑니다.
> ......
> 몇 년을 여기 더 살아도
> 우리들은 모두 한국인입니다.
> 우리들 아들딸들이 태어나 여기 살아도
> 그들은 모두 한국인입니다.
> "당신은 어디서 왔나요"라고 물으면
> 코리아라고 대답할 수밖에 없는
> 그들은 모두 한국인입니다.
> 만국종 모여 사는 이 북미 대륙에
> 우리도 당당하게 살기 위해
> 우리는 우리의 반만년 한국 예술을 지켜야 합니다.
> 우리는 한국 예술과 함께 살아가야 합니다.

　미국으로 건너간 우리 문화재를 환수하고 세계에 한국 문화를 알리는 데 소신을 갖고 헌신한 조창수 씨로 인해 우리도 해외로 나간 우리 문화재와 역사에 대해 다시 한 번 생각하게 됩니다. 그리고 당신에게 배웁니다. 문화재를 사랑하고 지키고 법을.

7

찾아야 하는 이유,
그리고 찾은 이후

경복궁 자선당 유구

세자는 흔히 봄에 비유됩니다. 오행에 따르면 봄은 동쪽에 해당합니다. 세자가 생활하는 궁을 '춘궁春宮' 또는 '동궁東宮'이라고 불렀습니다. 실제로도 동궁은 경복궁의 중심인 근정전 동쪽에 자리 잡고 있습니다.

경복궁이 막 세워졌을 때는 동궁이 존재하지 않았습니다. 동궁이 처음으로 마련된 것은 세종 때입니다. 동궁 안에는 세자와 세자빈이 머무는 자선당資善堂과 세자가 공부하는 비현각丕顯閣, 세자의 교육을 담당하는 세자시강원世子侍講院, 세자의 경호 업무를 맡은 세자익위사世子翊衛司 등의 건물이 있었습니다.

자선당은 '어진 품성을 바탕으로 하는 집'이란 뜻입니다. 조선 5대 왕 문종은 세자로서 자선당에 20여 년간 머물렀고, 6대 왕 단종은 여기에서 태어났습니다. 문종은 앵두를 좋아하는 아버지 4대 왕 세종을 위해 동궁에 앵두나무를 심어 열매가 열리면 직접 바쳤다고 합니다. 자선당 옆에 심은 앵두나무가 예쁘다 하여 궁녀들은 자선당을 '앵두궁'이라 부르기도 했습니다. 조선 왕실의 다복했던

<u>　　　　　</u>

경복궁 자선당 유구
일본에서 돌아온 자선당 유구는 현재 경복궁 북동쪽 녹산 기슭에 보존되어 있다.

경복궁 자선당 유구

경복궁 동궁 권역
1999년 동궁 복원 공사로 자선당, 비현각과 주변 행각이 복원되었다.

한 시절이었습니다. 문종비 현덕왕후 권씨는 단종을 낳은 후 사흘 만에 이곳에서 짧은 생을 마칩니다. 일찍 어머니를 여의고 아버지 문종마저 왕위에 오른 지 2년 만에 세상을 떴으니, 12세의 어린 나이에 즉위한 단종은 의지할 곳이 없었을 것입니다. 만일 문종비가 더 오래 살았다면, 단종이 작은아버지 7대 왕 세조에게 왕위를 빼앗기는 일도 없었을지 모릅니다.

  11대 왕 중종 때 동궁에 화재가 일어나 자선당을 다시 짓게 되었을 때 퇴계 이황이 다음과 같은 상량문^{대들보를 올릴 때 쓰는 축문}을 썼습니다. "태양의 밝음은 태양만이 이을 수 있다. 반드시 동궁에서 미리 길러야 한다." 가을에 풍성한 열매를 얻기 위해 봄부터 싹을 틔

복원된 자선당
세자가 업무를 보던 비현각과 함께 동궁의 중심에 나란히 위치하여 있다.

우고 준비하고 기다리듯, 세자도 널리 백성을 이롭게 할 왕이 되기 위해 열심히 기량과 성품을 길렀습니다. 세자는 '떠오르는 태양', '왕조의 미래이자 희망'이었습니다.

'떠오르는 태양'의 집, 헐어 내간 오쿠라

현재 경복궁에 가면 1999년에 새로 지은 자선당과 비현각을 만날 수 있습니다. 1991년에 시작된 경복궁 복원 사업 중 동궁 내에서는 가장 먼저 복원된 두 건물입니다. 자선당은 정면 일곱 칸, 측면 네 칸의 규모입니다. 궁궐의 전각이지만 규모가 크지 않고 오히려

**복원된 자선당
내부**(세자빈 방)

1999년 자선당을
복원하면서 동쪽의
세자 방과 서쪽의
세자빈 방에 가구 등을
넣어 당시의 모습을
재현하였다.

소박하게 느껴집니다. 조선시대에는 왕궁이라도 지나치게 사치하거나 화려한 것을 경계했습니다. 그것이 조선의 시대정신이었습니다. 가운데 세 칸은 마루이고, 동쪽 방은 세자, 서쪽 방은 세자빈이 사용했습니다.

그런데 경복궁 북쪽 끝 명성황후가 시해되었던 건청궁 근처에 또 하나의 자선당이 있습니다. 정확히 말하자면 1888년 중건된 자선당의 기단부, 즉 자선당 유구遺構, 옛 건축물의 흔적입니다. 순종은 세자 시절 이 자선당에서 주로 지냈습니다. 대한제국의 마지막 황제 순종이 세자 시절 생활했던 자선당의 유구는 왜 경복궁의 한 편으로 물러서 있는 것일까요?

조선과 대한제국의 500년 넘는 역사를 상징했던 궁궐들은 일제강점기에 무사하지 못했습니다. 20세기 초만 해도 경복궁에는 330여 동의 건물이 있었습니다만, 해방 후에 남은 건물은 30여 동

민간 노력으로 돌아온 문화재

에 불과했습니다. 덕수궁은 권역이 3분의 1로 줄었고, 경희궁은 거의 모든 전각이 헐렸으며, 창경궁은 전각을 허문 자리에 벚나무를 심고 동물원을 들여 유원지가 되었습니다.

자선당 유구는 일제강점기에 뜯기고 허물어진 조선 궁궐의 수난을 상징하는 문화재입니다. 일제는 허물어낸 궁궐 전각들을 민간에 팔거나 이건하였습니다. 목조 건물은 해체한 뒤 재조립하여 다시 지을 수 있기에 다른 곳으로 옮겨 짓는 경우가 왕왕 있습니다. 민간에 팔린 전각들 중 상당수는 일본계 사찰과 요릿집, 일본인 부호의 저택 등으로 사용되었습니다.

일제강점기인 1932년 남산의 일본인 거주 지역, 지금의 신라호텔 자리에 박문사博文寺라는 사찰이 세워졌습니다. 1905년 을사늑약을 강제한 일본 특명전권대사이자 초대 통감인 이토 히로부미[伊藤博文]를 추모하는 곳입니다. 경복궁의 건물을 헐어다 이런 사찰건물을 짓고, 경희궁의 정문인 흥화문興化門을 옮겨다 정문으로 삼았습니다. 조선의 정신과 혼이 깃든 왕실 건물들을 파괴하여 치욕을 주고자 하였던 것입니다. 심지어 궁궐 전각 일부는 바다 건너일본으로까지 반출했습니다.

자선당이 그렇습니다. 임진왜란 당시 다른 전각들과 마찬가지로 불타 스러졌던 자선당은 1867년 흥선대원군의 경복궁 중건때 새로 지어졌다가 1876년 경복궁 대화재로 불탄 뒤 12년 만에 다시 지어집니다. 이후 줄곧 순종이 머물렀지만 1896년 아관파천俄館播遷 당시 고종과 순종이 러시아공사관으로 옮겨간 뒤 주인을 잃은 채 방치되어 있었습니다.

자선당터에 세워진 조선총독부박물관
1915년 조선물산공진회 당시 건립되어 여러 용도로 쓰이다 1995년에야 철거되었다.

조선을 강제로 병합한 일제는 식민 통치의 홍보를 위한 전시 행정의 일환으로 1915년 조선 통치 5주년을 기념하며 조선물산공진회朝鮮物産共進會라는 박람회를 경복궁에서 개최합니다. 조선총독부는 박람회의 전시 공간을 마련한다는 이유로 1914년 동궁 일대를 완전히 철거하고 그 자리에 조선총독부박물관을 세웁니다. 이 과정에서 경복궁 철거 업무를 담당하던 일본인 오쿠라 기하치로는 총독인 데라우치 마사타케에게 자선당의 일본 반출을 부탁합니다.

오쿠라 기하치로[大倉喜八郎, 1837~1928]는 1876년 운요호 사건을 계기로 조선과 일본 사이에 수호 조약이 체결된 뒤 부산이 개항되자 조선 땅에 진출하여 은행, 무역, 군수, 건설 등으로 어마어마한 부를 축적한 재벌입니다. 자신의 저택 안에 일본 최초의 사립 박물

**조선관으로 이름이
바뀐 자선당**
일본으로 반출된
자선당은 조선관이라는
이름으로 오쿠라슈코칸의
전시실로 쓰였다.

관인 오쿠라슈코칸[大倉集古館]을 지을 정도였습니다. 오쿠라슈코칸
은 본래 오쿠라가 조선과 중국 등지에서 수집한 미술품을 보관하
기 위해 만든 창고였지만 이후 수집한 미술품을 일반에 공개하면
서 일본 최초의 사립 박물관이 됩니다. 1917년 오쿠라슈코칸이 개
관할 당시 소장된 미술품이 3692점, 서적이 1만 5600권 정도였다
니, 오쿠라가 모아들인 문화재 규모를 짐작할 만합니다. 자선당은
결국 1914년 일본으로 옮겨지고 1916년 조선관朝鮮館으로 이름이
바뀌어 오쿠라슈코칸의 전시실로 쓰입니다.

　　미국의 유명한 건축가인 프랭크 로이드 라이트Frank Lloyd Wright,
1867~1959가 오쿠라로부터 데이코쿠[帝国]호텔의 신관 건축을 의뢰받
아 일본을 방문했을 때의 일입니다. 라이트는 어느 겨울날 오쿠라
의 초대를 받았습니다. 추운 날씨 탓에 하는 둥 마는 둥 식사를 마
친 라이트가 어떤 방으로 안내되었는데, 지금까지 경험하지 못한
안락함에 감싸입니다. 자서전에 "갑자기 계절이 봄으로 바뀐 것만

같았다"고 적었을 정도입니다. 어떤 방식으로 난방이 되는지 질문한 라이트는 '한국식 방'이라는 답과 함께 그 원리를 듣고 크게 감명을 받았고, 이후 그가 설계한 여러 건물에 적용했습니다. 그 정체는 다름 아닌 한국의 온돌이었습니다. '한국식 방'이 어떤 곳인지는 확실치 않습니다만, 라이트가 일본에 체류했던 시기를 감안하면 자선당일 가능성이 매우 높습니다.

　미국 오리건주에 라이트가 1956년에 설계한 '고든 하우스'가 있습니다. 2000년 새 주인이 된 이가 철거하고 일대를 개발하려 하자, 미국 전역에서 '고든 하우스 지키기' 운동이 일어났습니다. 결국 고든 하우스는 세 개의 토막으로 분리되어 40킬로미터 떨어진 곳까지 트럭으로 옮겨져 다시 세워졌는데, 이 과정이 CNN에 의해 미국 전역에 생중계되었습니다. 이 고든 하우스에도 한국식 온돌에서 아이디어를 얻은 난방 장치가 깔려 있었습니다.

　조선인에게는 '떠오르는 태양'의 집이었고, 일본인에게는 '탐나는 건축물', 미국인에게는 '안락함의 영감'이었던 자선당은, 그러나 오래 버티지 못했습니다. 1923년 간토[関東] 대지진이 일어났을 때 화재를 만나 겨우 기단과 주춧돌만 남습니다. 자선당 석재들은 이후 70년 동안이나 그대로 방치되어 있었습니다.

훼손, 방치된 자선당 유구를 찾아내다

방치된 자선당 유구를 찾아낸 것은 김정동 목원대학교 명예교수입니다. 우리나라 근대 건축사를 전공한 김정동 교수는 오랫동안 우

리 근대사와 관련된 자료를 찾는 일에 주력해왔습니다. 특히 '일본
이 약탈해간 문화재는 지금 어디에 있을까'라는 궁금증을 키우며
일본 관련 부분을 집중적으로 조사하던 차에, 도쿄경제대학에 남
아 있는 오쿠라와 데라우치 총독 간의 서신에서 오쿠라가 자선당
을 반출해 오쿠라슈코칸의 전시실로 사용했다는 사실을 확인합니
다. 곧장 도쿄에 있는 오쿠라호텔로 달려갔지요. 오쿠라호텔은
1962년 오쿠라의 후손들이 1964년 도쿄 올림픽에 맞춰 오쿠라의
집터에 지은 호텔로 데이코쿠호텔, 뉴오타니호텔과 더불어 일본
최고의 호텔로 꼽히는 곳입니다. 오쿠라슈코칸은 지금도 오쿠라
호텔 바로 옆에 위치해 있습니다.

　1993년 여름, 호텔 안을 구석까지 살피던 김정동 교수는 나무
가 가득한 정원 산책길 한쪽에서 주춧돌과 계단, 기단 등만 남은
옛 건물의 흔적을 발견했습니다. 정원석으로 사용하기 위해 다듬

경복궁 자선당 유구

었는지 여러 석재의 모서리들이 깨져 있었습니다. 자선당 유구였
습니다. 간토 대지진 이후 누구의 시선도 받지 못한 채 방치되어
있었던 겁니다.

　김정동 교수를 통해 오쿠라호텔 정원에 자선당 유구가 방치되
어 있다는 소식이 알려지자 국내 학자들을 비롯하여 많은 한국인
들이 오쿠라호텔을 찾아갔습니다. 일본의 각종 언론에도 자선당
이야기가 보도되었습니다. 자선당 유구가 반환되어야 한다는 여
론이 높아지자 오랜 협상 끝에 자선당 유구는 80년 만인 1995년
12월 말 마침내 고국에 돌아옵니다. 오쿠라호텔이 삼성문화재단

민간 노력으로 돌아온 문화재

에 기증하는 형식이었습니다.

돌아온 자선당 유구는 110톤 분량의 석재 288개였습니다. 이처럼 건축물 유구를 환수한 사례는 세계적으로도 드뭅니다. 환수해올 당시에는 경복궁 복원 사업 때 다시 세울 자선당의 기단으로 활용할 계획이었습니다만, 화재로 손상을 입은 석재들이 푸석해진 상태여서 건축 자재로 사용할 수 없었습니다. 고국에 돌아왔으나 자신의 자리로 돌아갈 수 없을 정도로 약해진 자선당 유구는 2001년 경복궁 북동쪽 녹산 인근에 자리 잡게 됩니다. 녹산은 1895년 을미사변 때 일본인이 명성황후의 시신을 불태웠던 자리입니다.

방치되거나 숨겨진 우리 문화재가 자선당 하나만은 아닐 것입니다. 일본으로 불법 반출된 우리 문화재 중 어느 것은 버젓이 일본의 문화재로 지정되는가 하면, 자선당 유구가 그랬듯 대부분은 방치되어 잊히고 있습니다. 자선당 유구를 찾아낸 김정동 교수의 지적은 그런 문화재들을 찾아내고 연구하는 일이 문화재의 반환 못지않게 중요하다는 사실을 일깨워줍니다.

"일본 또는 다른 나라에 있는 우리 문화재들을 하루아침에 찾아올 수는 없어요. 우선 어떤 문화재가 외국으로 나갔는지부터 세세히 연구해야 해요. 어떤 경로를 통해서 외국에 우리 문화재가 갔는지도 확인해야 하고, 현재 어디에 어떻게 존재하고 있는지도 알아야 하죠. 오랜 시간 동안 연구와 노력 그리고 기다림이 필요한 작업입니다. 현재 그런 작업들을 학자들이 하고 있습니다. 하지만 모두의 관심이 필요합니다."

오쿠라슈코칸의 고려 석탑 2기

한때 일본 도쿄 오쿠라슈코칸의 정원에는 오쿠라 기하치로가 조선에서 반출한 석조 유물들이 있었다. 그 중 이천 오층석탑과 평양 율리사지 팔각오층석탑은 불법 반출한 사실이 명확히 드러난 문화재다.

6.48미터 높이의 이천 오층석탑은 본래 경기도 이천의 향교 인근에 있었는데, 1915년 경복궁에서 조선물산공진회를 개최하면서 자선당 자리에 세워진 조선총독부박물관 야외전시장을 꾸밀 유물이 필요하다는 핑계로 경복궁으로 옮겨졌다. 공진회가 끝난 뒤 오쿠라는 통째로 뜯어간 자선당과 어울릴 만한 석탑 하나를 탐내고 있었다. 그의 눈에 든 것은 평양정거장 앞에 서 있던 칠층석탑이었다. 그러나 조선총독부는 칠층석탑의 이전을 불허하고 대신 이천 오층석탑을 가져가도록 했다.

이천 오층석탑은 한일협정 당시 우리 정부가 일본 측에 반환을 요청한 적도 있지만 개인 소유라는 이유로 거절당했다. 2002년 무렵 이천 시민들이 다시 이천 오층석탑의 환수 운동을 시작했고, 2008년에는 '이천오층석탑환수위원회'가 결성되어 지금껏 꾸준히 활동해오고 있다.

환수 운동 진행 중 2011년 3월 11일 발생한 동일본 대지진의 여파로 이천 오층석탑의 4층 몸돌 부분이 파손되고 탑 전체가 뒤틀린 것이 확인됐다. 더 이상의 훼손 방지와 보존을 위해서라도 빨리 되찾아야 한다는 목소리가 높다.

평양 율리사지 팔각오층석탑의 경우, 시민단체 '문화재제자리찾기'가 환수를 추진하고 있다. 문화재제자리찾기는 2014년 북한의 조선불교도연맹 중앙위원회로부터 평양 율리사지 팔각오층석탑 반환 협상의 권한을 위임받았다. 북한으로 돌려보내야 할 석탑의 환수 운동에 나선 것은 문화재 환수에 남과 북이 따로 있을 수 없다는 취지에서다. 2005년 남북이 서로 도와 야스쿠니신사에 있던 북관대첩비를 돌려받아 2006년 원래의 자리인 옛 길주 땅, 함경도 김책시로 돌려보낸 예가 있다.

일제강점기 총독부가 발간한 《조선고적도보》에 평안남도 대동군 율리의 절

이천 오층석탑
고려, 높이 648cm.
단층 기단 위에 오층 탑신을 올린 전형적인
고려시대 양식의 석탑이다.

평양 율리사지 팔각오층석탑
고려, 높이 386cm.
불상의 대좌와 같은 연화기단 위에 팔각의 오층
탑신을 올린 독특하고 개성있는 석탑이다.

터에 있던 석탑, 즉 율리사지 팔각오층석탑의 사진 한 장이 실려 있는데, 거기
에 "현재 오쿠라슈코칸에 소장돼 있다"는 설명이 쓰여 있다. 1915년 이후 어느
시기에 오쿠라가 일본으로 가져간 것이다. 율리사지 석탑은 높이 3.86미터의
고려시대 팔각 오층탑으로 조각 기법이나 희귀성으로 볼 때 국보급이라는 평
가를 받고 있다.

한편 오쿠라슈코칸은 2015년 건물 보수공사 과정에서 정원의 석탑을 모두
이전해 창고에 보관하다가, 2019년 9월 재개관을 하면서 이천 오층석탑만 정
원에 다시 옮겨와 공개하고 있다.

반환으로 요구하니
기증으로 돌아오다

조선왕조실록 오대산사고 47책

누구에게나 방학이 끝나기 하루나 이틀 전, 밀린 일기 숙제를 한꺼번에 몰아서 하느라 머리를 쥐어짰던 기억이 있을 겁니다. 무엇인가를 꾸준하게 해낸다는 것은 정말이지 얼마나 힘든 일인지 모릅니다. 그런데 무려 17만 2000여 일, 472년 동안 꾸준히 써놓은 기록이 있다면 믿기십니까? 물론 개인의 일기는 아닙니다. 그러나 한 사람이 쓴 것처럼 체제와 성격이 같은 기록이라면? 조선왕조는 이와 같은 일을 해냈습니다.

17만 2000여 일, 472년을 기록하다

조선은 1392년 건국하여 1910년 일본에 국권을 강제로 빼앗기기까지 무려 518년 역사를 이어온 왕조입니다. 1대 태조부터 27대 순종까지 모두 27명의 왕이 나라를 다스렸습니다. 1897년 26대 왕 고종 때 '대한제국'을 선포한 것은 당시 열강들의 개방 압력과 이권 다툼 속에서 조선이 자주독립국임을 확실히 밝혀두기 위한

조선왕조실록 오대산사고본 중《성종실록》과《중종실록》

국립고궁박물관 소장. 임진왜란 직후 재간행된《성종실록》과《중종실록》은 군데군데 붉은 글씨와
검은 글씨로 수정·삭제 등을 지시하는 교정부호가 남아 있는 교정본이다.

선택이었습니다. 한 발 물러서서 대한제국으로 국호를 바꾸기 전까지를 조선이라고 해도 무려 505년입니다.

한 왕조가 500여 년의 역사를 잇는 것은 흔한 일이 아닙니다. 최초로 중국을 통일한 진나라는 겨우 15년 만에 무너졌고, 중국 왕조 중 가장 흥성했던 당나라도 300년을 넘기지 못했습니다. 조선 왕조가 이토록 오랫동안 지속될 수 있었던 힘은 대체 무엇이었을까요? 단언컨대, 그 한 축은 '기록의 힘'입니다. 조선은 500여 년 동안 왕조에 일어났던 일들을 꼼꼼히 기록했습니다.

인류가 공동으로 보존해야 할 자연과 문화에 큰 관심을 쏟고 있는 유네스코는 훼손되거나 사라질 위험이 있는 기록유산의 보존 수단을 강구하기 위해 세계기록유산 사업을 펼치고 있습니다. 우리나라는 《훈민정음 해례본》을 비롯하여 조선왕조실록, 《직지》, 《승정원일기》, 조선왕조의궤, 해인사 고려대장경판 및 제경판, 《동의보감》, 《일성록》, 5·18 민주화운동 기록물, 《난중일기》, 새마을운동 기록물, KBS특별생방송 '이산가족을 찾습니다' 기록물, 한국의 유교책판, 조선통신사에 관한 기록, 국채보상운동 기록물, 조선 왕실 어보와 어책 등 16건을 유네스코 세계기록 유산에 등재하고 있습니다. 이 가운데 10건이 조선시대의 것입니다. 단순히 건수로만 따져도 조선은 우수한 기록유산을 남기는 전통을 가지고 있었다고 할 수 있습니다. 이는 조선왕조가 공정한 역사를 남기고자 하는 강한 의지와 철저한 기록 시스템을 구비했다는 증거입니다.

역사가 자신을 어떤 인물로 판단할지 두려워한다면, 왕이든 관리이든 사적인 이익을 위해 함부로 판단하고 행동하지 못하겠지

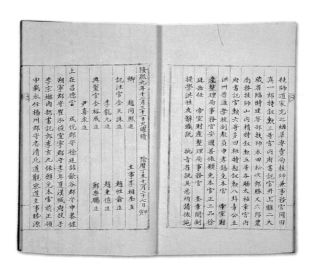

《승정원일기》

서울대학교 규장각한국학연구원 소장.
왕명의 출납을 관리하는 관청인
승정원의 문서와 사건을 기록한
일기이다. 2001년 세계기록유산으로
등재되었다.

요. 조선은 이와 같은 기록의 전통과 역사 정신으로 나라를 이끌었
기에 500여 년의 긴 세월 동안 왕조를 유지할 수 있었습니다.

'대장금'도 실록에서 나왔다

지금도 조선시대를 이야기하려면 조선왕조실록朝鮮王朝實錄을 가장
먼저 펼쳐봐야 합니다. 세계에 한류 열풍을 불러온 TV 드라마 〈대
장금〉도 《중종실록》에 나온 몇 건의 짧은 기록에서 탄생한 이야기
입니다. 조선왕조실록은 학술 자료로서 중요할 뿐만 아니라 이처
럼 다양한 역사콘텐츠로서 활용 가능성이 무궁무진한 이야기의 보
고입니다.

　'실록'은 한 왕이 재위하는 동안 실제로 일어난 일을 연월일의

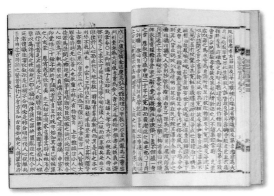

시간 순서에 따라 적은 기록입니다. 태조 때의 일을 적은 것이 《태조실록》, 세종 때의 일을 적은 것이 《세종실록》입니다. 조선왕조실록은 한 권의 책이 아니라 태조부터 철종까지 25대 472년에 걸쳐 기록하고 펴낸 28종의 실록을 통틀어 일컫는 말입니다.

　　여기서 짚고 넘어가야 할 것이 둘 있습니다. 우선 조선의 왕은 모두 27명입니다. 25대 철종 때까지의 일을 적었다고 했지만, 26대 고종과 27대 순종의 실록도 있습니다. 그러나 두 실록은 기존의 조선왕조실록과는 편찬 방식이 달랐을 뿐만 아니라, 일제강점기에 조선총독부가 일본에 유리하도록 편파적으로 또는 사실을 왜곡하여 기록했기 때문에 역사 기록물로서 신뢰하기 어려운 점이 있습니다. 그런 탓에 조선왕조실록의 일부로 인정하기 어렵다는 의견이 있습니다.

또한 실록을 남긴 왕은 25명인데, 실록은 28종입니다. 한 왕에 한 실록을 펴내는 것이 원칙이었지만 《선조실록》,《현종실록》,《경종실록》은 만족스럽지 않은 부분이 있다 하여 고쳐 쓴 실록이 따로 있기 때문입니다. 고쳐 썼다고 해도 본래의 실록은 버리지 않았습니다. 그래야 어느 부분을 고쳐 썼는지 알 수 있기 때문입니다. 연산군과 광해군의 경우에는 폐위되었기에 실록이라 부르지 않고 각각 '연산군일기', '광해군일기'로 적고 있습니다만, 그 체제나 성격은 다른 실록과 같습니다.

치열한 조선의 기록 정신과 역사 인식

실록은 왕이 죽은 뒤에 편찬했습니다. 그 왕이 다스리던 때에 있었던 일들의 기록을 다음 왕이 즉위한 후 담당 관청인 실록청實錄廳을 설치하여 정리한 뒤 펴내는 방식이었습니다. 실록을 만들 때에는 선왕이 재위할 때 사관史官들이 작성한 사초史草, 관청에서 보고한 문서들, 《승정원일기承政院日記》,《의정부등록議政府謄錄》,《일성록日省錄》 등 각 기관의 기록, 개인 문집 등의 자료들이 동원되었습니다. 특히 사초는 사관이 직접 조정의 대소사에 참여하여 보고 들은 내용을 직필한 것으로 사관 이외에는 왕조차도 볼 수 없었습니다.

　　세종 때의 일입니다. 세종은 새로 완성된 《태종실록》을 보고 싶어 했습니다. 아버지 태종에 대한 이야기가 어떻게 쓰였는지 무척 궁금했습니다. 그런데 재상이었던 맹사성이 반대합니다. "역사서는 옛 왕의 행적과 치적을 가감 없이 기록합니다. 왕이 실록을

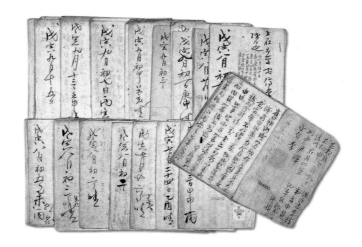

〈인조무인사초〉

서울대학교
규장각한국학연구원 소장.
사초는 실록을 편찬하는
기본 자료로 실록을 편찬한
뒤에는 세초, 즉 폐기하는
것이 원칙이나 일부
남아 있는 경우도 있다.

보고 마음에 들지 않아 고치게 된다면 사관들이 어찌 올곧게 직무를 수행할 수 있겠습니까." 결국 세종은 실록을 보지 못했습니다.

　이렇게 엄정히 만들어진 실록은 처음에는 두 벌씩 만들어서 서울의 춘추관春秋館과 충주의 사고史庫에 보관하였습니다만, 세종 때부터는 두 벌을 더 만들어서 전라도 전주와 경상도 성주에 만든 사고에 각각 보관하였습니다. 귀한 기록이 온전히 보존될 수 있도록 삼중사중으로 방비한 것입니다.

　문제는 1592년 선조 때 임진왜란입니다. 이때 춘추관과 충주, 성주의 실록이 모두 불타버립니다. 다행히 전주사고의 실록은 전주에 사는 선비 안의와 손홍록이 목숨을 걸고 정읍의 내장산으로 옮겨서 재난을 피할 수 있었습니다. 실록은 나라와 왕의 존재나 다름없이 귀중하고 신성한 기록이니 전란의 와중에도 가장 먼저 구해야 하고, 전란이 끝난 뒤엔 가장 먼저 복구해야 했습니다. 임진

민간 노력으로 돌아온 문화재

《일성록》
서울대학교
규장각한국학연구원 소장.
국왕의 일기 형식을 띠고
있으나 실질적으로는 정부의
공식 기록을 담고 있다.
실록을 편찬하는 기본
자료이다.

왜란이 끝난 뒤 나라가 혼란스럽고 재정이 부족했지만 조선왕조는 전주 사고본을 바탕으로 실록을 복원하는 데 심혈을 기울입니다. 이때 실록 네 벌을 새로 만들어, 서울의 춘추관 외에도 더 깊은 산 속과 섬을 택해 사고를 마련하고 실록을 보관합니다. 강화도의 마니산, 봉화의 태백산, 영변의 묘향산, 평창의 오대산이 바로 그곳들입니다.

조선왕조는 그 후에도 실록을 보관하는 데 심혈을 기울입니다. 후금과 외교 관계가 나빠지자 1633년 무주의 적상산에 사고를 새로 지어 묘향산 것을 옮겨다 놓고, 1636년 병자호란 때에 파손된 마니산의 사고를 같은 강화도 내의 정족산으로 옮깁니다. 그 뒤로 사고는 태백산, 오대산, 적상산, 정족산 체제를 유지했습니다.

하지만 실록의 앞에는 더 큰 수난이 기다리고 있었습니다. 1910년 일제가 우리나라의 주권을 강제로 빼앗아간 뒤의 일들입

조선왕조실록 오대산사고 **47책**

니다. 일제는 조선의 정통성을 훼손하고 문화를 말살하기 위해 조선의 혼과 같은 역사 기록물들에 손을 댑니다. 조선왕조의 역사 기록물 가운데 가장 핵심적이고 중요한 조선왕조실록도 사고에서 끌려나와 뿔뿔이 흩어집니다. 정족산사고와 태백산사고의 실록은 규장각 도서와 함께 조선총독부로 옮겨졌다가 이후 경성제국대학의 도서관에 이관되었고, 적상산사고의 실록은 이왕직 장서각으로, 오대산사고의 실록은 일본 도쿄대학으로 반출됩니다.

그리고 2006년 도쿄대학으로 반출되었던 오대산사고본 실록 가운데 47책이 국내로 돌아옵니다. 1914년 반출된 뒤 92년 만의 일입니다. 도쿄대학으로 반출된 이후 오대산사고본 실록 47책이 겪은 일들을 살펴봅니다.

92년을 떠돌다 돌아온 오대산사고본 실록

해외로 반출된 우리 문화재의 반환 운동을 활발히 펼치고 있던 혜문 스님은 2004년 일본에 머물며 자료를 찾다가 도쿄대학 도서관 귀중본 서고에 오대산사고본 실록이 소장되어 있다는 사실을 알게 됩니다. 조선왕조실록 원본이 도쿄대학에 있는 것에 의문을 갖고 조사한 결과, 일제강점기에 불법적으로 반출되었다는 사실을 확인했습니다. 이미 1984년과 1988년에 배현숙 계명대학교 교수가 이와 같은 사실을 조사하였다는 것도 알게 되었습니다. 이를 토대로 오대산사고본 실록의 반환 운동을 도모하게 됩니다.

임진왜란 직후인 1606년부터 오대산사고의 수호 사찰이던 월

정사 사적에는 1913년 3월 3일의 일이 기록으로 남아 있었습니다.

총독부 관원 및 평창군 서무주임 히구치 그리고 고용원, 조병선
등이 월정사에 머무르며 사고와 선원보각에 있던 사책史冊 150짐
을 강릉군 주문진으로 운반하여 일본 도쿄대학으로 직행시켰다.
간평리의 다섯 동민이 동원되었는데 3일에 시작하여 11일에 역사
를 끝냈다.

– 《오대산 사적》 중에서

이는 곧 도쿄대학이 소장한 조선왕조실록 오대산사고본의 불
법 반출 경위를 입증하는 기록인 셈입니다. 1909년 조사된 기록에
따르면 오대산사고에는 철종까지의 실록 761책, 의궤 380책, 기타

서책 2469책 등 모두 3610책이 보관되고 있었다고 합니다. 주문진에서 배에 실려 일본으로 직행했다는 '사책 150짐'이 바로 이 서책들이었을 겁니다. 일제강점 초기인 1913년에 일본인 동양사학자 시라토리 구라키치[白鳥庫吉, 1865~1942]가 당시 조선총독 데라우치를 움직여 도쿄대학 도서관으로 옮겼던 것입니다.

　도쿄대학으로 반출된 오대산사고 실록들은 1923년 간토 대지진 당시 일어난 화재로 대부분 불타버립니다. 대출 중이었던 극히 일부만이 화를 피할 수 있었습니다. 다행히 살아남은 실록 74책 가운데 27책은 1932년 경성제국대학으로 옮겨졌습니다. 하지만 《성종실록》 9책, 《중종실록》 30책, 《선조실록》 8책 등 47책은 줄곧 도쿄대학에 남아 있었습니다.

　약 1년에 걸쳐 자료 조사와 사실 확인을 끝낸 혜문 스님은 불교계, 학계, 국회의원 관계자 등이 주축이 된 2006년 '조선왕조실록환수위원회'를 조직해 반환 운동을 시작합니다. 조선왕조실록 오대산사고본의 반환을 요청하는 도보 행진을 하고, 일본 총리를 수신인으로 하여 반환 요청서를 전달하고, 여러 차례 도쿄대학과 협상을 벌였습니다. 하지만 도쿄대학 측의 반응은 시큰둥했습니다. 마침내 환수위원회가 히든카드를 뽑았습니다. 법정 소송의 논리로 도쿄대학을 압박하였더니 그제야 분위기가 바뀌기 시작했습니다. 일본을 대표하는 지성의 산실인 도쿄대학이 문화재 약탈자로 지목받으며 세간에 드러나는 것에 상당한 부담을 가졌던 것입니다. 결국 도쿄대학은 소장하고 있는 조선왕조실록 오대산사고본 47책을 서울대학교에 기증하기로 결정합니다.

민간 노력으로 돌아온 문화재

복원된 오대산사고

조선왕조실록과 왕실의 족보인《선원보략》을 보관하기 위해 지었던 조선 후기 5대 사고 중 하나이다.
한국전쟁 당시 불타버린 것을 1992년에 복원하였다.

민간 단체의 적극적 역할

조선왕조실록환수위원회는 당시 '기증'이 아닌 '반환'을 요구하였
습니다. 돌려받는 것이 중요하지 반환이냐 기증이냐 방식에 대한
논의는 그 다음이라는 의견도 있었습니다만, 조선왕조실록환수위
원회는 '반환'을 고집했습니다. 도쿄대학 측은 '반환'이란 형식을
취하는 것이 매우 부담스러웠을 것입니다. '반환' 요구를 받아들인
다는 것은 돌려주는 문화재가 불법적으로 반출되었다는 사실을 인
정하는 셈이니까요. 결국 도쿄대학이 선택한 것은 실록을 서울대
학교에 '기증'하는 것이었습니다.

1965년 한일협정으로 우리 문화재 1432점이 반환된 이후 정부가 일본으로 반출된 문화재 반환에 앞장서 나서지 못한 것이 사실입니다. 오대산사고본 실록 47책의 환수에서도 민간단체의 관심과 적극적인 문제 제기가 반환을 이끌어내는 데 큰 힘이 되었습니다. 비록 조선왕조실록환수위원회의 요구대로 '반환'이 이루어지지는 않았지만, 그럼에도 불구하고 조선왕조실록 오대산사고본을 돌려받는 데는 조선왕조실록환수위원회와 같은 민간의 역할이 컸습니다. 조선왕조실록환수위원회는 이후 조선왕실의궤환수위원회로 재조직되어 일본 궁내청이 소장하고 있던 조선왕조의궤 반환 운동을 펼쳐, 2011년 이를 되찾아오는 데 적극 힘을 보태기도 했습니다(이 책 216쪽 '일본 궁내청 보관 한국 도서 1205책' 참조).

2006년에 돌아온 조선왕조실록 오대산사고본 47책과 서울대학교가 소장하고 있던 27책을 합한 조선왕조실록 오대산사고본 74책은 서울대학교 규장각을 거쳐 현재 국립고궁박물관이 소장하고 있습니다. 2018년 국립고궁박물관이 경매에서 구입한 《성종실록》 1책이 더해지면서 조선왕조실록 오대산사고본은 총 75책이 되었습니다. 조선왕조실록은 1997년 유네스코 세계기록유산으로 등재되었으며, 국보로 일괄 지정되어 있습니다.

민간 노력으로 돌아온 문화재

세계기록유산 조선왕조실록

일찍이 역사 편찬의 중요성을 깨달은 조선왕조는 국가 차원에서 실록을 제작해왔다. 춘추관의 관원인 사관은 매일 왕의 주변에서 벌어지는 일을 기록하여 실록의 기본 자료가 될 사초를 작성하였는데, 사초는 왕조차 볼 수 없게 하는 등 사관에게 직필할 수 있는 고유의 권한을 주었다. 실록 편찬은 왕이 죽은 뒤 실록청을 설치하여 사초와 각 관청의 기록 등을 모으고 추려 작업하였다.

완성된 실록은 영구 보존을 목적으로 지방의 네 곳과 한양의 춘추관에 설치한 사고에 각 한 부씩 보관하였다. 실록이 사고에 보관된 이후에는 춘추관에서 파견된 사관이 아니고서는 이를 함부로 열어볼 수 없었으며, 실록을 오래도록 보존하기 위해 정기적으로 사고의 문을 열고 책에 햇빛과 바람을 쏘여 습기를 없애고, 벌레 피해를 예방했다.

실록은 다른 동아시아 왕조들, 곧 중국, 일본, 베트남에서도 제작되었다. 하지만 이들 나라의 실록이 주로 궁중에서 일어난 정치만을 다루고 있는데 반해, 조선의 실록은 정치는 물론 외교, 군사, 제도, 법률, 경제, 산업, 교통, 통신, 사회, 풍속, 천문, 지리, 음양, 과학, 의약, 문학, 음악, 미술, 공예, 학문, 사상, 윤리, 도덕, 종교 등 각 방면에 걸쳐 중요한 것은 다 적었다. 궁중에서 일어난 일만이 아니라 왕에서 서민에 이르기까지 조선 사람들의 일상적인 생활상까지도 자세하게 보여주고 있다. 내용이 풍부할 뿐만 아니라 한 왕조의 역사적 기록으로 가장 긴 시간에 걸쳐서 작성되었으며, 다른 왕조의 실록이 필사인 데 비해 조선왕조실록은 활자로 인쇄되었다. 기록의 진실성과 공정함을 위해 기울인 노력 그리고 보존과 관리에 만전을 기한 점 등을 높게 평가한 유네스코는 1997년 조선왕조실록을 세계기록유산으로 등재했다.

실록은 한문으로 쓰인 까닭에 일반인이 쉽게 읽을 수 없었으나, 지금은 한글로 옮기고 전산화하여 누구나 읽을 수 있게 되었다. 조선왕조실록 인터넷 홈페이지http://sillok.history.go.kr에서 한문 원본과 한글 해석은 물론 실물을 촬영한 이미지도 볼 수 있으며, 다양한 검색 기능도 갖춰져 있다.

9

뭔가를 주려면
기꺼이 줘야 합니다

겸재정선화첩

2005년 10월 29일, 선지훈 신부는 독일을 떠난 뒤 비행기 안에서 11시간 동안 먹지도 잠자지도 않고 버티고 있었습니다. 심장이 쪼그라드는 듯한 고통도 참아야 했습니다. 80년 전 한 독일인이 구입해간 소중한 우리 문화재 한 점을 돌려받아 오는 길이었습니다. 유물의 안전을 위해서라면 보험에 가입해야 했지만, 보험료가 만만치 않았습니다. 보험료는 통상 유물이 지닌 금전적 가치의 0.2퍼센트라고 합니다. 80년 만에 고국의 품으로 돌아오는《겸재정선화첩謙齋鄭敾畫帖》의 가치는 얼마나 될까요? 금전적 가치를 헤아릴 수나 있을까요?

지금도 왜관수도원의 선지훈 신부는 그때의 일을 생각하면 가슴을 쓸어내립니다. 비단 지불해야 할 막대한 돈 때문만은 아니었습니다. 때마침 한국 문화재의 유럽 순회전이 독일에서 열리고 있었으니 전시가 끝난 뒤 그 유물들과 함께 귀환시키는 방법도 있었으니까요. 위험을 무릅쓴 어이없는 행동이었다 해도《겸재정선화첩》을 직접 들고 비행기를 탄 것은 오랫동안 고국을 멀리 떠났던

《겸재정선화첩》 중 〈압구정도〉

정선, 조선 18세기, 비단에 담채, 29.2×23.4cm, 국립중앙박물관 기탁 보관.

겸재謙齋 정선鄭敾, 1676~1759의 그림이 집에 돌아오는 길을, 그 곁을 한시라도 허전하지 않게 지켜주고 싶은 마음이 컸기 때문인지도 모르겠습니다.

베버 신부, 고요한 아침의 나라를 만나다

1911년 2월 21일부터 6월 25일까지 노르베르트 베버Norbert Weber, 1870~1956 신부는 동료 신부 일곱 명과 함께 한국을 방문합니다. 자신이 파견한 선교사들을 격려하고 교회들을 둘러보기 위해서였습니다. 베버 신부는 한국에 체류하는 동안 한국의 풍습과 문화에 대해 세심하게 관찰하고 각종 자료를 수집하고, 사진 찍고, 그림도 직접 그렸습니다. 그리고 《고요한 아침의 나라》1915라는 한국 여행기를 냅니다. 베버 신부는 한국의 명료한 자연과 고유 의상의 색 배합에 깊이 매료되었습니다.

감각이 뛰어난 예술가이면서 탁월한 저술가이기도 했던 베버 신부는 독일 남부 뮌헨에서 서쪽으로 약 40킬로미터 떨어진 곳에 위치한, 성베네딕도회 소속 상트오틸리엔수도원이후 오틸리엔수도원으로 표기의 초대 아빠스원장이자 이 수도원이 설립한 수도원들의 연합체인 상트오틸리엔연합회의 총재였습니다.

베버 신부는 1925년 5월 14일부터 9월 27일까지 또다시 한국을 찾았습니다. 두 번째 방문의 여행 경로와 일정에 대해서는 자세히 알려져 있지 않지만, 그는 이때 경험한 한국의 전통 문화에 대한 두 편의 무성기록영화, 〈한국의 결혼식〉1925과 〈고요한 아침의 나

노르베르트 베버
신부(왼쪽에서 두 번째)
노르베르트 베버
신부가 1925년 한국
방문 중 식사 대접을
받고 있다.

라에서〉[1927]를 남겼고, 1925년 6월 2일부터 12일까지 금강산을 유람하며 쓴 일기를 바탕으로 《한국의 금강산에서》[1927]라는 책을 냈습니다. 이 책의 서문에서 그는 "자연과 예술, 이 둘은 서로 멀리 있는 것처럼 보인다. 그러나 금강산에서는 자연과 예술이 가장 아름다운 조화를 이루며 하나가 되어 있다"며 금강산의 아름다움을 칭송했습니다. 그리고 《겸재정선화첩》을 구해 독일로 돌아갑니다.

《겸재정선화첩》에는 모두 21폭의 그림이 실려 있습니다. 여러 폭의 그림을 동시에 구한 것인지 시기를 달리하여 구한 것을 묶은 것인지, 또 화첩을 한국에서 꾸민 것인지 독일에서 꾸민 것인지 정확치는 않습니다. 오틸리엔수도원에서는 "베버 신부가 서울 정동의 대한성공회성당 근처 고미술품점에서 구입한 것으로 구전되고 있다"고 말한 바 있는데, 베버 신부가 화첩을 구입한 시기나 입수한 과정 등을 정확히 추정할 만한 단서는 아직 찾지 못했습니다.

반세기의 깊은 잠에서 깨어나다

베버 신부가 독일로 가지고 간 《겸재정선화첩》의 존재를 처음 국내에 알린 것은 유준영1935~ 이화여자대학교 명예교수입니다. 유준영 교수는 1964년 독일에 광부로 파견되어 갔다가 3년 뒤 쾰른대학교에 입학해 미술사를 공부합니다. 그리고 대학 도서관에서 겸재 정선의 진경산수화 연구 논문을 준비하던 1973년, 우연히 베버 신부의 책 《한국의 금강산에서》에서 겸재 그림 세 폭을 발견합니다. 책에 실린 그림의 소재를 수소문하여 베버 신부가 오랫동안 수도원장으로 지낸 오틸리엔수도원에 편지를 보내 문의했지만, 아쉽게도 '없다'는 회신을 받습니다.

하지만 오틸리엔수도원과 《겸재정선화첩》이 머리를 떠나지 않았습니다. 1975년 박사 학위 구술시험을 코앞에 두고 독일인 친구와 함께 불현듯 오틸리엔수도원을 찾아갑니다. 그리고 오틸리엔수도원 선교박물관 지하 1층 진열장을 살피다가, 놀랍게도 《겸재정선화첩》을 발견합니다. 이미 책에서 사진으로 본 금강산 그림 세 폭 말고도 열여덟 폭이 더 있었습니다. 모두 스물한 폭이 화첩 형식으로 묶여 있었는데, 첫 장에 있는 〈금강내산전도〉 외에는 대부분 세로 30센티미터, 가로 25센티미터 정도의 작은 그림들이었습니다. 〈금강내산전도〉를 비롯한 진경산수화를 포함하여, 산수인물화, 고사인물화 등 다양한 소재의 그림이 함께 묶인 겸재의 종합 작품집 같았습니다.

〈금강내산전도〉는 하늘에서 내려다본 듯 금강산이 통째로 드러나 있습니다. 겸재가 환갑 무렵에 그렸을 것으로 추정되는 〈금

강내산전도〉는 겸재의 진경산수眞景山水 화풍의 진면목을 보여주는
매우 훌륭한 그림이었습니다. 〈함흥본궁송도〉는 태조 이성계가
함흥본궁, 즉 함흥의 고향집에 직접 심었다고 전하는 소나무 세 그
루를 그린 작품입니다. 흥미롭게도 정선은 이 소나무들을 직접 보
고 그리지 않았습니다. 부탁을 받아 함흥에 다녀온 사람의 설명을
듣고 그렸습니다. 실제 모습과도 차이가 있을 것입니다. 하지만 과
감한 구도의 소나무 모습만으로도 세상을 호령했던 태조의 모습이
떠오릅니다.

유물번호 2592번의 번호표를 단《겸재정선화첩》은 오틸리엔

《겸재정선화첩》 중 〈연광정도〉

정선, 조선 18세기, 비단에 담채, 28.7×23.9cm, 국립중앙박물관 기탁 보관.

《겸재정선화첩》 중 〈함흥본궁송도〉

정선, 조선 18세기, 비단에 담채, 28.9×23.3cm, 국립중앙박물관 기탁 보관.

수도원 선교박물관의 커다란 진열장 안에 여러 한국 민속품들과
함께 전시되어 있었습니다. 수도원 쪽에서는 어느 누구도 그 가치
를 아직 알아보지 못했습니다. 조선 후기 최고의 화가 겸재 정선의
그림을 이역만리 타국의 수도원 박물관 지하 진열장 안에서 만나
다니! 곳곳에 좀이 슬어 어떤 그림은 제목조차 읽기 어려웠지만,
유준영 교수는 숨이 멎는 듯했습니다.

　　1976년 유준영 교수를 통해 오틸리엔수도원이 《겸재정선화
첩》을 소장하고 있다는 소식이 국내에도 알려졌습니다. 유준영 교
수의 수도원 방문 이후 《겸재정선화첩》은 더 이상 박물관에 전시
되지 않았습니다. 오틸리엔수도원에서도 《겸재정선화첩》의 진가
를 뒤늦게 알고 보안을 의식한 것입니다. 보존 처리된 화첩은 박물
관 수장고 안으로 들어갔습니다.

"한국에 보내기로 결정, 아무런 이견이 없습니다."

한편, 1985년 무렵《겸재정선화첩》의 존재를 한국의 왜관수도원도 알게 되었습니다. 수도원이 한 독일인으로부터 슬라이드 필름을 기증받은 것이 계기였습니다. 필름에 담긴 것은《겸재정선화첩》이었습니다. 왜관수도원은 오틸리엔수도원과 인연이 매우 깊습니다. 왜관수도원은 중국 옌지[延吉]와 함경도 덕원에 있던 상트 오틸리엔연합회 산하 수도원의 수도사들이 한국전쟁 이후 내려와 정착한 곳이었으니까요. 오틸리엔수도원과 왜관수도원은 이와 같은 인연을 소중히 여기며 우호 관계를 돈독히 해오고 있었습니다.

왜관수도원의 선지훈 신부는 1991년부터 1996년까지 6년 동안 오틸리엔수도원에 머물며 뮌헨대학교에서 교회사를 전공하였습니다. 이때 오틸리엔수도원에 있는 한국 관련 자료와 문화재를 가까이서 볼 수 있었고,《겸재정선화첩》도 만났습니다.

오틸리엔수도원의《겸재정선화첩》은 보안을 이유로 수장고 안으로 옮겨져 있었지만, 그렇다고 해서《겸재정선화첩》의 처지가 나아진 것은 아니었습니다.《겸재정선화첩》을 직접 접하고 화첩이 오틸리엔수도원으로 오게 된 과정을 살핀 선지훈 신부는 화첩을 좀 더 잘 보존하고 활용할 수 있는 방법을 궁리하기 시작했습니다. 오틸리엔수도원 측도《겸재정선화첩》의 진가를 알게 되긴했지만, 수장고에 고이 모시는 것보다 더 나은 보존 환경을 마련할 수 있는 상황은 아니었습니다.

"한국으로 가져가자!"

선지훈 신부는 절친한 친구였던 예레미야스 슈뢰더 Jeremias

오틸리엔수도원

독일 바이에른주 뮌헨
서북쪽의 한적한
시골마을 오틸리엔에
자리 잡고 있다.

Schröder, 1964~ 신부에게 자신의 안타까운 심중을 털어놓곤 했는데, 슈뢰더 신부가 마침 오틸리엔수도원의 아빠스가 되었습니다. 선지훈 신부는 아빠스가 된 친구 슈뢰더 신부에게 좀 더 적극적으로 《겸재정선화첩》의 귀환을 언급했습니다.

하지만 오틸리엔수도원도 결정하기가 쉬운 일은 아니었습니다. 수도원에 보관 중인 문화재를 외부에 공개한 경험은 여러 번 있었지만 외국에 반환한 전례는 단 한 번도 없었으니까요.

1990년대에는 때마침 《겸재정선화첩》에 대한 관심이 급격히 높아지고 있었습니다. 미국 덴버미술관의 연구원 케이블 랙이 직접 오틸리엔수도원을 방문해 《겸재정선화첩》을 보고 "숨 막힐 듯한 걸작"이라며 감탄한 바 있습니다. 1999년에는 《오리엔탈 아트》라는 미술 전문지에 논문도 실었습니다. 그러자 세계 미술계는 물론 수집가들이 큰 관심을 보이기 시작했습니다. 유명 경매회사인

**선지훈 신부(오른쪽)와
예레미야스 슈뢰더 아빠스**

2005년 10월 22일,
오틸리엔수도원에서
《겸재정선화첩》의 반환식이 열렸다.

뉴욕 크리스티에서는 '50억 원대'라는 말을 흘리며 경매에 붙이자
고 매달렸다고 합니다.

《겸재정선화첩》에 대한 세계 미술계의 '눈독'은 오히려 《겸재
정선화첩》의 귀환에 힘을 실어주는 계기가 되었습니다. 한국인에
게 중요한 의미를 갖는 문화유산을 돈으로 거래한다는 것을 탐탁
찮게 여긴 오틸리엔수도원이 경매회사의 제안을 모두 거절하고,
《겸재정선화첩》을 영구 대여 방식으로 반환할 것을 결정합니다.

"마침 2009년은 오틸리엔수도원 성베네딕도회가 한국에 진
출한 지 100년이 되는 해이다. 이를 기념하는 특별 행사로는 한국
의 소중한 문화유산인 《겸재정선화첩》을 왜관수도원에 선물하는

것보다 더 의미 있는 일을 찾을 수는 없다"는 선지훈 신부의 제안을 올곧게 받아들인 덕분이었습니다.

한국에 대한 사랑과 존경과 신뢰

…… 이 화첩은 노르베르트 베버 신부가 두 번째 한국 방문 때 구입한 것입니다. 《겸재정선화첩》이 오틸리엔수도원에 있었다는 것은 그가 당시 한국을 여행했고 선교 활동을 통해 한국과 깊은 관계를 맺었고 처음부터 한국 문화에 대해 존경심을 가졌다는 것을 보여줍니다. 그는 진정으로 한국인과 한국 문화를 사랑하신 분입니다. 저희는 그것으로 충분합니다.

이 화첩이 독일보다 한국에서 더 많이 사랑받고 더 높이 평가 받으리라는 것을 알기 때문에 반환 결정은 어렵지 않았습니다. 우리는 한국인과 한국 역사에 대한 존경의 표시로 《겸재정선화첩》을 한국에 보내기로 결정하였습니다. 오틸리엔수도원 내부에선 아무런 이견이 없었습니다. 열두 명으로 이뤄진 수도원 장로회도 만장일치로 반환을 추인하였습니다. 반환 결정에 부정적인 입장을 밝힌 독일 언론은 하나도 없었던 것으로 알고 있습니다. 반환 결정은 올바른 것이며 전혀 후회하지 않습니다. 뭔가를 주려면 기꺼이 줘야 합니다. 저는 화첩이 더 많은 사람에게 깊은 감동을 줄 수 있는 곳에 있는 것을 기쁘게 생각합니다.

베를린자유대학교의 이정희 교수는 '한국의 영혼 한 부분이 고향으로 돌아가는 것'이라고 말했습니다. 지금도 가슴에 와 닿는 무

척 감동적인 표현입니다. 화첩 반환이 한국에 보도된 후 한국으로

부터 감사의 이메일을 많이 받았습니다. 눈물을 흘릴 정도로 고맙

다는 인사를 받게 되어 기쁩니다.

– 슈뢰더 아빠스의 담화문 중에서

돌아온《겸재정선화첩》은 열렬히 환영받았습니다. 2009년

9월에는 국립중앙박물관이 기획한 겸재 서거 250주년 기념 특별

전시〈겸재 정선, 붓으로 펼친 천지조화〉에 초대되었고, KBS 역사

스페셜〈수도원에 간 겸재 정선, 80년 만의 귀향〉에 방영되었으며,

2013년 11월에는 국외소재문화재재단이 기획하여 열린〈고국으

로 돌아온 겸재정선화첩〉특별전에 전시되었고, 화첩의 귀환을 다

룬 책인《왜관수도원으로 돌아온 겸재정선화첩》과 화첩의 '영인복

제본'이 출간되었습니다. 2018년 2월에는〈금강산 : 한국 미술 속

의 기행과 향수〉라는 주제로 기획된 뉴욕 메트로폴리탄박물관 전시에도 다녀왔습니다.

그런가 하면, 오틸리엔수도원은 《겸재정선화첩》 외에도 20세기 초 선교사들이 수집해 소장해온 한국 문화유산 1700여 점을 기증의 방식으로 꾸준히 반환해주었습니다. 2014~2015년에는 희귀한 식물 표본 420점과 17세기 익산 지역의 호적대장을, 2018년에는 조선 후기 보병이 입었던 갑옷으로 국내외에 10벌 밖에 남지 않은 '면피갑'을, 2020년에는 1960년을 전후한 시기에 사용된 남성용 혼례복인 '단령'을 돌려주었습니다.

슈뢰더 아빠스가 2009년 《겸재정선화첩》을 돌려주며 했던 말처럼 오틸리엔수도원은 정말 '줄 때는 아낌없이' 주었습니다. 오틸리엔수도원이 소장하고 있는 한국 문화유산은 2019년 재단이 발간한 《독일 상트 오틸리엔수도원 선교박물관 소장 한국문화재》에서 볼 수 있습니다. 돌아온 《겸재정선화첩》은 국립중앙박물관이 기탁 보관하고 있습니다.

오틸리엔수도원의 《겸재정선화첩》 반환은 해외로 유출된 문화재 반환의 모범적인 선례를 남겼습니다. 한국을 사랑한 베버 신부가 수집하여 자국에 가지고 갔다가 그 후임자들이 자발적으로 반환하였기에 양국 모두 기꺼워할 수 있었습니다. 베버 신부와 오틸리엔수도원의 한국 사랑에 대한 보답은 한국과 독일 두 나라가 서로의 문화와 역사에 보다 더 깊은 관심을 갖는 일일 겁니다. 오틸리엔수도원은 이제 '독일을 여행하는 한국인들이 즐겁고 사랑하는 마음으로 찾아가는 명소'가 되었습니다.

진경산수화의 창시자, 겸재 정선

우리나라의 경치를 실감나게 그린 진경산수화로 유명한 겸재謙齋 정선鄭敾, 1676~1759은 사대부 집안에서 태어났으나 집안이 가난하여 과거를 볼 형편이 못 되었다. 그러나 어려서부터 그림에 재주가 있었고, 그 재주 덕분에 40대가 되어서 뒤늦게 관료로 추천받았다.

겸재가 화가로서 이름을 떨치게 된 것은 당대의 시인이자 절친한 벗이었던 사천槎川 이병연李秉淵, 1671~1751의 초대로 37세에 금강산을 다녀온 뒤 그린 금강산 그림들 덕분이다. 겸재는 이후 세 고을에서 수령을 지냈지만 그리 높은 관직은 아니었다. 그러나 이때 서울, 경기도, 경상도, 충청도까지 널리 여행하면서 우리나라 자연의 아름다움을 마음껏 화폭에 옮기고 독창적인 진경산수 화풍을 구사하게 되었다.

겸재가 화풍을 완성하며 가장 왕성한 활동을 보인 시기는 50대 이후이며, 말년에 이를수록 더욱 완숙하고 세련된 경지를 보여 주었다. 초년의 어려움을 자신의 능력으로 극복하고 81세에는 종2품 벼슬인 동지중추부사에까지 이르러 명예로운 말년을 누리고 84세에 생애를 마쳤다.

겸재 정선의 진경산수 화풍은 조선 화풍의 전기, 후기를 가르는 중요한 분수령이 된다. 중국의 산수화풍을 따르는 관념적 산수로부터 벗어나 현실미 가득한 산수의 아름다움을 발견한 겸재 이후 조선 회화는 산수화뿐만 아니라 풍속화나 초상화 같은 인물화에서도 당대 조선의 현실을 중요시하게 되었다.

겸재가 65살부터 5년간 현령으로 근무한 양천현아가 있던 서울시 강서구 가양동에 겸재정선미술관이 있다.

10

한일 문화재 반환,
풀어야 할 '고차' 방정식

한일협정 환수 문화재 1432점

외교 협력으로 돌아온 문화재

1965년 1월 대한민국 정부는 기자회견을 열고 '한일회담을 매듭짓겠다'고 선언했습니다. 1951년 한일회담이 추진된 이래 여러 차례 회담이 진행되었으나 한국과 일본 두 나라의 의견이 엇갈려 제대로 합의를 이루지 못하고 있던 국면을 타개하고 협상을 조속히 마무리하겠다는 뜻이었습니다.

한일회담은 한국에 대한 일본의 강제적 지배가 잘못되었음을 일본이 사과하고 그동안 우리 국민이 받은 손해에 대한 배상을 청구한다는 취지로 시작되었습니다. 그러나 결과는 일본이 무상 3억 달러, 정부 차관 2억 달러, 민간 차관 3억 달러를 주는 대신 한국 정부는 일본의 식민 지배와 관련해 더 이상 배상을 요구하지 않는다는 것이었습니다.

일본의 침략 사실 인정과 가해 사실에 대한 진정한 사죄가 선행되지 않았을 뿐더러, 35년간의 식민 통치로 인해 한국이 겪은 고통은 외면한 결과였습니다. 굴욕적인 협정이라는 국민들의 격렬한 반대에도 불구하고 정부는 1965년 6월 22일 한일기본조약, 즉

강릉 한송사지 석조보살좌상

고려 10세기, 높이 92.4cm, 국립춘천박물관 소장, 국보.
우리나라에 흔치 않은 흰 대리석으로 만든 불상으로 한일협정의 결과 반환된 녹유골호, 도기녹유탁잔,
경주 노서동 신라 유물 등 문화재 1432점의 일부이다.

한일협정을 체결합니다.

'경제협력자금'이라는 모호한 명목의 배상금을 받는 대신 역사의 책임을 묻지 않기로 한 한일협정은 일제강점기 35년으로 쌓인 한일 관계의 질곡을 해소하는 데 방해가 될 뿐만 아니라 오늘날 일제강점기에 불법 유출된 우리 문화재의 반환 운동에도 큰 영향을 끼치고 있습니다.

정부 간 문화재 반환이 어려운 이유

한일협정은 7개 조로 구성된 '대한민국과 일본국 간의 기본관계에 관한 조약'과 이에 부속된 4개 협정 및 25개 문서로 구성되어 있습니다. 4개 부속협정은 '일본국에 거주하는 대한민국 국민의 법적 지위와 대우에 관한 협정', '어업에 관한 협정', '재산 및 청구권에

녹유골호

통일신라,
단지 입지름 15.3cm,
외함 지름 45cm,
국립중앙박물관 소장,
국보.
화장한 유골을 담았던
뼈단지이다. 녹색 유약을
짙게 칠한 단지와 화강암
외함으로 이루어져 있다.

관한 문제의 해결 과정과 경제협력에 관한 협정', '문화재 및 문화
협력에 관한 협정'입니다. 특히 이 중 '재산 및 청구권에 관한 문제
의 해결 과정과 경제협력에 관한 협정'은 일제강점기 피해자 배상
과 위안부 배상 문제 등의 원인이 되었고, '문화재 및 문화협력에
관한 협정'은 문화재 반환에 걸림돌이 되고 있습니다.

　국외소재문화재재단의 조사에 의하면 2022년 1월 현재 국외
에 소재한 우리 문화재는 21만 점이 넘습니다. 그중에 일본에 있는
것이 가장 많아 약 9만 4000점에 달하고, 미국에 약 5만 4000점이
있으며 그 외에도 독일, 중국, 영국, 러시아, 프랑스 등 여러 나라에
흩어져 있습니다. 21만여 점이라지만 그 수량이 정확한 것은 아닙
니다. 1992년부터 매년 현황을 파악한 이래 해마다 그 수가 꾸준히
늘어나고 있습니다. 해외 박물관이 소장한 한국 문화재를 전수조
사하면서 새롭게 확인되는 문화재들이 늘어나기 때문입니다.

　우리 문화재는 오랜 세월 동안 다양한 사연과 경로로 해외에
나갔습니다. 외국인들의 수집품, 세계 박람회 출품물, 외교 선물

도기녹유탁잔
통일신라, 전체 높이 12cm,
국립중앙박물관 소장, 보물.
통일신라시대에 만들어진
것으로 추정되는 잔으로
황록색의 유약이 두껍게
발라져 있다.

등등. 유출 경로를 모두 확실히 알 수는 없지만, 임진왜란, 일제강점기, 한국전쟁 등 전쟁이나 나라의 혼란기에 도난, 약탈 등 불법 반출된 것으로 드러난 경우가 무척 많습니다. 특히 일본에 유출된 문화재 중 상당수는 일제강점기 시절 총독부를 비롯한 권력 기관이 강탈해간 것, '오구라 컬렉션'과 같이 민간 차원의 수집이라는 명분 아래 성행한 도굴과 밀거래를 통해 유출된 경우들입니다.

이들 대부분은 국제연합 교육과학문화기구UNESCO가 1970년 채택한 '문화재의 불법적인 반출입 및 소유권 양도의 금지와 예방수단에 관한 협약'이나 '모든 문화재는 합법적, 도덕적, 윤리적으로 소장하고 수집하고 구입해야 하며 강령에 어긋나거나 다른 방법으로 문화재를 보유하는 것 자체가 위반'이라고 규정한 국제박물관협의회의 윤리강령에 어긋나는 반출입니다.

그러나 이와 같은 국제 규범과 제도가 있다고 해서 불법 반출

외교 협력으로 돌아온 문화재

청자구룡형주전자

고려 12세기, 높이 17.2cm,
국립중앙박물관 소장, 보물.
12세기 전반에 강진에서
만들어진 것으로 추정되는
청자이다.

청자음각모란문주자

고려 12세기, 높이 19.7cm,
국립중앙박물관 소장.
참외 모양 몸통에 세로로
골을 파고 손잡이와 물대를
붙인 주전자이다.

된 문화재가 반드시 반환되지는 않습니다. 오히려 이를 통해 문화재를 환수한 사례는 많지 않습니다. 그저 권고 수준일 뿐 이행을 강제할 실효성이 있는 것은 아닙니다.

과거 문화재 약탈국들은 문화재 원산국으로 해당 문화재들이 돌아갈 경우 세계적인 박물관조차 수장고가 텅 빌 것이라며 반환 요구에 대해 묵묵부답 또는 소극적인 태도로 일관합니다. 때로는 관람의 편의성이나 상대국의 문화재 관리 취약성을 문제 삼기도 합니다. 국가 간의 외교 관계 같은 문제도 반환을 어렵게 합니다. 정부가 해외로 유출된 문화재 반환에 조심스럽게 접근하는 데에는 이런 이유가 있습니다.

해방 직후 분단과 전쟁 등 정치적 불안정을 연이어 겪은 와중에 우리 정부는 일본에 대해 식민 지배에 대한 사과와 배상, 피해 복구와 약탈 문화재의 환수 등 주권국가로서 당연한 요구의 목소리를 제대로 내지 못했습니다. 1960년대 초반에 이르러 한일회담과 더불어 문화재 반환 문제가 수면 위로 떠오르자 본 회담에 못지 않은 큰 관심이 쏟아졌습니다.

기증이냐 반환이냐 힘겨루기

우리 정부가 일본 측에 문화재 반환에 관련된 문제를 처음으로 공식 거론한 것은 1958년 4월 12일 제4차 한일회담이고, 반환 문화재 청구 목록을 구체화해 공식 제출한 것은 1962년 2월 28일 제6차 회담 때였습니다.

외교 협력으로 돌아온 문화재

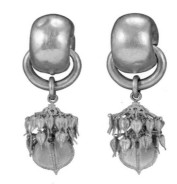

경주 노서동 금귀걸이

신라 6세기, 길이 9cm,
국립중앙박물관 소장, 보물.
경주 노서동 215호 고분에서
출토된 금귀걸이로, 1934년
일본으로 반출되었다가 1966년
반환되었다.

경주 노서동 금목걸이

신라 6세기, 길이 30.3cm,
국립중앙박물관 소장, 보물.
경주 노서동 215호 고분에서
출토된 금목걸이로, 1934년
일본으로 반출되었다가 1966년
반환되었다. 금줄로 장식한
금판을 연결하고 끝에 곡옥을
달았다.

한일협정 환수 문화재 1432점

1958년 당시 우리 정부는 1905년 일본이 조선에 통감부를 설치한 후부터 1945년까지 불법적인 수단에 의해 일본으로 반출된 우리 문화재 중 명목이 뚜렷하고 소재가 확실한 것을 선정하여 반환할 것을 요구하였습니다. 구체적으로 '지정문화재', '소위 조선총독부에 의해 반출된 것', '소위 통감·총독 등에 의해 반출된 것', '경상남북도 소재 분묘 기타 유적에서 출토된 것', '고려시대 분묘 기타 유적에서 출토된 것' 등 다섯 항목으로 구분하여 반환 문화재 목록을 건넸습니다.

그러나 일본 정부는 일본에 소재한 한국 문화재는 모두 정당한 수단에 의한 입수물 또는 개인 소유물이므로 '반환'할 의무가 없다고 하면서, 다만 이러저러한 사정을 고려하여 일부 문화재만 '기증'한다는 입장을 취합니다. '반환'이라는 말 속에는 '약탈과 불법 반출이라는 범죄 행위를 인정하고 이를 사과한다'는 의미가 들어 있기 때문이었습니다. '반환'과 '기증'이라는 명칭을 놓고 줄다리기가 있었지만, 결국 '인도'라는 모호한 용어로 절충되고 말았습니다.

몰래 돌려준 문화재, 일본의 생색내기

재일 시민운동가 이양수 씨에 의하면, "당시 우리 정부가 일본에 반환 청구한 문화재의 총 수량은 4479점이라 알려져 있지만, 이는 훗날 보도 과정에서 출처를 알 수 없이 나온 자의적인 숫자일 뿐 딱 꼬집어 4479점이라 할 수는 없다"고 합니다. 당시 목록상 문화재 수량은 명확한 것 같으면서도 전체적으로 불확실하고 애매한

**일본으로부터 반환된
문화재**

1965년 한일협정에
따라 1966년 일본이
반환한 문화재를 한국 측
관계자가 살펴보고 있다.

면이 있습니다. 먼저 수량이 '미상未詳' 또는 '불상不詳'이라 표기된
것도 있고, 또 다섯 항목 간에 중복되어 있는 것들도 있었습니다.
또한 문화재의 수량을 따지는 기준도 모호했습니다. 당시 협상에
참여했던 이홍직 고려대학교 교수도 문화재 반환 청구와 관련한
인터뷰에서 정확한 수량을 내지 않고 3200여 점이라고만 밝혔습
니다. 이는 일본 정부의 소극적인 태도로 충분한 조사를 할 수 없
었던 이유도 컸습니다.

한편, 1958년 4월 제4차 회담 도중 부속협정 가운데 하나인
'어업에 관한 협정'에서 협상을 유리하게 끌어가기 위해 일본 정부
는 비밀리에 자발적으로 문화재 106점을 먼저 반환합니다. 이에
대한 우리 측의 평가입니다.

"106점 전부의 금전 평가는 현재 일본 도쿄에서 매매되고 있

는 고려자기 우량품 한 개의 시가 20만 엔 내지 30만 엔과 비등할 것으로 추정한다."

소중한 문화재의 가치를 금전으로 따지는 문제는 차치하더라도 일본은 질보다는 숫자에 치중하여 문화재 반환에 적극적인 척했던 것입니다.

1965년 6월 22일 한일협정이 타결되고 약 1년 뒤인 1966년 5월 28일, 고고미술품 438점, 전적류 852점, 기타 체신遞信 관련 품목 36점 등 1326점이 한국에 돌아옵니다. 이날 들어온 문화재는 당초 우리 정부가 일본 정부에 청구한 문화재의 3분의 1도 되지 않았습니다.

반환 문화재 1432점, 그 속내

우리 정부가 반환을 요구했으나 일본이 돌려주지 않은 문화재 가운데에는 경남 양산 부부총夫婦塚 일괄 출토품이 있습니다. 이는 조선총독부가 1920년 발굴해 1938년 도쿄제실박물관지금의 도쿄국립박물관에 넘긴 것입니다. 회담 당시 유물을 소장하고 있던 도쿄국립박물관은 신축 중이던 박물관의 동양관에 한국실을 만들어 이를 진열한다는 조건을 내걸며 유물을 돌려주지 않으려 했습니다. 이들의 주장에 우리 정부는 '일본 측의 강력한 소망과 우리나라에 이보다 월등히 우수한, 유사한 품목이 서울과 경주 등 국립박물관에 진열되어 있다는 사실을 고려'하여 반환을 보류했다고 합니다.

오구라 다케노스케[小倉武之助, 1870~1964]가 수집한 문화재들, 이

외교 협력으로 돌아온 문화재

가야 금관

가야 6세기, 높이 13.2cm,
일본 도쿄국립박물관 소장.
가야만의 멋을 풍기는
금관이다. 오구라 컬렉션의
일부로 우리 정부가 반환을
요청했으나 결국 돌려주지
않았다.

견갑모양동기

청동기시대, 최대 너비 23.8cm,
일본 도쿄국립박물관 소장.
우리나라에서 출토된 청동기 중
모양이 가장 정밀한 유물이다.
오구라 컬렉션의 일부로
우리나라에 반환되지 않았다.

반환 문화재 목록(왼쪽)과 체신 관계 문화재 확인서

른바 '오구라 컬렉션'도 개인 재산이라는 이유로 반환 대상에서 빠졌습니다. 오구라 다케노스케는 부동산 투기와 전기회사 운영으로 번 돈으로 30여 년에 걸쳐 광적으로 조선의 문화재를 닥치는 대로 수집했습니다. 그가 유물 수집에 쓴 돈은 《훈민정음 해례본》 등 수많은 문화재를 수집하여 지켜낸 간송澗松 전형필全鎣弼, 1906~1962이 쓴 돈의 열 배에 달했습니다. 오구라의 수집품은 해방 후 국립경주박물관에 접수된 450여 점, 집에서 발견된 600여 점, 도쿄국립박물관에 기증된 1100여 점 등 총 2200여 점으로 파악됩니다. 여기에 그가 일본에 건너간 뒤 개인적으로 처분했거나 계속 은닉한 유물을 더하면 4000여 점에 이를 것이라는 추정도 있습니다. 일제가 패망한 지 20년 가까이 지난 1964년, 오구라가 소유했던 대구의 건물에서 자기와 기와 등 유물 약 150점이 발견되기도 했습니다.

진주전보사 도장

1905년 무렵,
2.7×2.7×5.5cm,
우정박물관 소장.
진주전보사
(지금의 진주우체국)에서
사용했던 나무도장이다.
한일협정 당시 돌려받은
문화재에 포함되어 있다.

그가 수집한 유물은 거의가 도굴한 장물이었습니다. 오구라가 얼마나 많은 도굴품을 소장하고 있었는지, 일본인으로 구성된 조선유물조사단과 연구자들이 오구라의 도굴품을 참고해 보고서를 작성할 정도였다고 합니다.

북한 지역이 출처인 문화재도 반환 대상에서 제외되었는가 하면, 1958년 제4차 한일회담에서 일본이 몰래 반환한 문화재 106점이 1962년 반환 청구 문화재 목록에 포함되기도 했습니다.

한편, 한일협정으로 반환받은 고고미술품 가운데는 한송사지 석조보살좌상과 녹유골호 등 국보급 문화재도 있습니다. 하지만 정부 간 협상을 통해 돌려받은 것이라 보기에는 좀 아쉬운 문화재도 적지 않습니다. 체신 관련 품목 36점 중 막도장 20개와 짚신 등이 대표적인 예일 것입니다.

1965년 한일협정에 의한 문화재 반환은 정부 간 협정을 통해 돌려받은 사례로 규모가 가장 컸습니다. 그렇지만 우리로서는 두고두고 아쉬움과 안타까움이 남는 협정입니다. 일본은 문화재 반환 문제가 제기될 때마다 한일협정으로 약탈 문화재 반환 문제가 종결된 것이라는 입장을 우선 고수하여, 우리 정부가 문화재 반환 문제를 풀어가는 데 적극적이고 주도적으로 나서기 어렵게 만들고 있습니다. 이처럼 국가 간 문화재 반환 문제는 외교적 협상을 통해 풀어가야 하기 때문에 고려할 문제도 많고 그 성과를 기대만큼 보장하기도 어려운 것이 현실입니다.

근래 들어서는 정부 간 협상 외에 민간단체, 학술단체, 지방자치단체 등이 문화재 반환 운동에 적극 나설 때 결실을 맺는 경우가 많아지고 있습니다. 해외의 개인이나 단체가 아무런 조건 없이 기증을 하거나, 경매를 통해 구입하여 유물을 되찾는 경우 등입니다.

문화재를 반환하는 방법에는 일정한 공식이나 해답이 있는 것은 아닙니다만, 그렇더라도 문화재 반환에서 가장 큰 힘을 발휘할 수 있는 것은 역시 정부 차원의 조직적 대응과 국가 간 협의로 이루어진 것이 많았습니다. 도쿄대학이 소장했던 조선왕조실록 오대산사고본의 환수나 궁내청이 소장했던 조선왕조의궤 등의 환수도 민간이 나서서 여론을 주도하고 이를 정부가 적극적으로 지원하여 성과를 낸 좋은 사례입니다. 정부가 전폭적으로 지원하고 민간단체와 학계 등이 꾸준히 관심을 갖고 협력한다면 1965년 한일협정의 굴레를 뛰어넘어 일본을 떠도는 우리 문화재들도 꾸준히 돌아올 수 있으리라 믿습니다.

한일협정 환수 문화재 목록

한국이 일본에 반환 청구한 문화재 품목은 고고미술품 3186점 등 총 4479점으로 알려져 있다. 그러나 일본이 반환한 문화재는 고고미술품 544점, 전적 852책, 체신 품목 36점을 포함한 총 1432점이다. 우리 정부는 1905년부터 1945년까지 불법 반출한 문화재의 반환을 요구했고, 일본 정부는 불법 반출은 없었다고 맞섰다. 반환한 것은 청구한 것의 3분의 1밖에 안 되었고, 그것도 일본은 불법 반출된 사정이 명확한 것만을 반환했다.

한송사지 석조보살좌상의 경우, 강릉 한송사지에 있던 것을 1911년에 일본인이 빼돌린 정황이 당시의 일본 잡지에 명백하게 밝혀져 있다. 청자구룡형주전자를 비롯한 고려청자는 개성 주변의 고려시대 무덤에서 도굴한 것을 이토 히로부미가 1906년 초대 통감으로 부임했을 때 사들였다가 일왕에게 바친 것이다. 도기녹유탁잔과 경주 노서동 금목걸이를 비롯한 경상북도 경주 일대에서 출토된 유물들은 일제강점기 조선총독부박물관 경주 분관의 관계자였던 모로가 히데오[諸鹿央雄, ?~1954]가 빼돌렸다가 1933년 압수한 장물이다. 그 외에 2대 조선 통감 소네 아라스케[曾禰荒助, 1849~1910]가 수집하여 일왕에게 헌상한 고서 등이 포함되어 있다.

1965년 6월 22일 한일협정 환수 대상 품목

고고 미술품 등	경상남도 창녕 교동 출토품 등	106점	544점
	이토 히로부미가 일왕에게 헌상한 유물	97점	
	경상북도 소재 분묘와 개성 부근에서 출토된 금속 제품 등	322점	
	강원도 강릉에 있던 석불좌상 등	3점	
	기타 개인 소장품	16점	
전적	소네 통감 장서, 총독부 장서		852책
체신 품목	일본 체신박물관 소장품		36점
계			1432점

11

그 자리에 세워야
오롯이 빛난다

북관대첩비

조선이 건국된 지 꼭 200년 만인 1592년 4월, 왜는 명나라로 가는
길을 내어달라는 명분을 내세우며 조선을 침략합니다. 20만 대군
을 이끌고 부산 앞바다에 들이닥친 왜군은 단숨에 부산진과 동래
성을 무너뜨린 뒤 상주와 충주에서 조선군을 격파하고 수도 한양
을 향해 빠르게 치고 올라와 결국 한 달이 채 못 되어 한양을 함락
시킵니다.

　선조는 왜군이 한강을 건너기 직전, 대신들을 이끌고 피난을
갔습니다. 위용을 자랑하던 경복궁은 잿더미가 되어버리고, 성난
백성들이 궁궐에 불을 놓았다는 소문도 돌았습니다. 관군은 속절
없이 왜군에 무너지고, 왕과 대신은 의주까지 쫓기며 명나라에 구
원을 요청했습니다.

　관군이 왜군에게 연이어 패하고 나라가 위기에 처하자 전국에
서 의병이 일어나기 시작합니다. 백성들이 자신의 땅을 지키기 위
해 스스로 나선 것입니다. 임진왜란이 일어난 이듬해인 1593년
1월 명나라 관리에게 보고된 바에 따르면 전국 각지에 있는 의병

북관대첩비

조선 1708년, 높이 187cm. 100년의 타향살이를 마치고 2005년 고국에 돌아온 뒤 북한으로 돌아가기 전 국립고궁박물관 앞뜰에 잠시 동안 복원, 전시된 모습이다. 현재는 이 자리에 복제비가 세워져 있다.

의 수는 약 2만 명에 달했습니다. 겨울이 되어 의병 중 상당수는 일단 해산하거나 관군으로 편입되기도 했다는 점을 감안하면 본래 의병의 수는 그보다 훨씬 더 많았을 것입니다.

전국 곳곳에서 들불처럼 일어난 의병은 왜군의 간담을 서늘케 했습니다. 의병은 자신이 살고 있는 지역의 지리를 잘 알고 있었기에 그에 걸맞은 전술과 전략으로 적에게 큰 피해를 입혔습니다. 임진왜란은 의병의 활약이 빛난 전쟁이었습니다. 1592년 11월 당시 의병은 전국에 백수십여 개 군이 있었는데, 10여 명에 불과한 소수 의병에서부터 수천 명에 이르는 대규모 의병에 이르기까지 규모가 제각각이었습니다.

경상도 의령에서는 곽재우가 왜군의 호남 진출을 막아 냈고, 경기도에서는 홍계남이 안성을 무대로, 황해도 연안에서는 이정암이, 전라도 담양과 나주에서는 고경명과 김천일이, 충청도 옥천에서는 조헌과 승려 영규가 큰 공을 세웠습니다. 묘향산의 승려 서산대사 휴정과 사명당 유정도 나섰습니다.

의병장 정문부, 함경도에서 가토 기요마사의 기세를 꺾다

의병장은 지방의 유생과 백성들을 끌어 모을 수 있는 인품과 재산을 갖춘 인물들이었습니다. 대부분 전직 관리들이 자신의 문하생이나 집안사람, 지역민들을 중심으로 의병을 모았습니다. 그렇다고 전직 관리만 의병장으로 나선 것은 아니었습니다. 현직 관리도 의병을 일으켜 활약했습니다. 그중 한 사람이 정문부鄭文孚, 1565~1624입니다.

외교 협력으로 돌아온 문화재

《북관유적도첩》 중 〈창의토왜도〉

조선 후기, 종이에 채색, 41.2×31.0cm, 고려대학교박물관 소장.
북관대첩을 그린 작품으로, 대장기가 꽂혀 있는 문루에 정문부 장군이 앉아 의병을 지휘하고 있다.

북관대첩비

…… 여러 고을이 무너지고 겁먹은 백성들은 스스로 견디기 힘들었다. 의기 있는 선비인 경성의 이붕수가 분개하여 말하되, "비록 나라가 어려운 지경에 이르렀으나 흉도가 감히 저렇게 할 수 있겠는가" 하고 최배천, 지달원, 강문우 등과 함께 의병 일으키기를 꾀했는데, 여러 사람의 지위가 서로 비슷하여 마땅히 장수로 삼을 사람이 없었다.

평사 정문부는 문무에 모두 재주가 있었으나 수하에 군사가 없어 싸울 수 없었으므로 산골에 숨어 있었는데 의병을 일으킨다는 소문을 듣고 기뻐 찾아가니, 마침내 정문부를 추대하여 주장으로 삼고 종성부사 정현룡과 경원부사 오응태 등을 차장으로 삼고 피로 맹세하며 의병을 모집하여 백여 명을 얻었다. ……

- 북관대첩비문 중에서

북평사라는 정6품 무관직을 맡았던 정문부는 의병장에 추대되어 길주, 쌍포, 단천 등지에서 가토 기요마사[加藤清正, 1562~1611]의 군대를 격파, 일본군의 함경도 함락 계획을 좌절시켰습니다.

가토 기요마사는 지금도 일본을 대표하는 이름 높은 장수 중 한 사람입니다. 임진왜란에 참전한 가토는 2만 2800여 명을 이끌고 왜군의 선봉에 서서 불패를 자랑하며 함경도까지 진격했습니다. 근왕병을 모으기 위해 함경도로 왔던 왕자 임해군과 순화군을 붙잡아 기세를 올리기도 했습니다. 그러나 의병장 정문부가 이끄는 의병을 만나 참패를 당합니다. 정문부는 가토의 군대가 함경도 깊숙이 들어와 주둔할 수 없게끔 수시로 위협을 가하며 치고 빠지

외교 협력으로 돌아온 문화재

는 전술을 구사했습니다.

　…… 11월에 가파리에서 왜적과 싸우려는 정문부는 여러 장수를
배치하였는데, …… 왜적은 여러 번 이긴 끝이라 허술하게 방비하
고 있었다. 우리 군사들이 함께 일어나 왜적을 향해 기운차게 밀
고 나갔다. 모두 고함치며 앞서 나가니 적이 패하여 달아났다. 군
사를 풀어 추격하여 왜장 다섯 명을 죽이고 수없이 목을 베었으
며, 그 말과 무기들을 모조리 빼앗았다.

　그리하여 멀고 가까운 곳에 두루 알리니 장수나 관리들 중 도망치거나 숨어 있던 자들이 다투어 일어나 모여들어 그 수가 7천 명에 이르렀으며, 왜적은 마침내 길주성으로 들어가 움츠리고 감히 맞서지 못했다. 우리 군사가 길옆에 숨어 있다가 왜병이 나오기만 하면 무찔러버렸다.

이윽고 성진에 있던 왜적이 임명으로 쳐들어오자 날래고 용맹스러운 기병들을 이끌고 막아내었으며, 산속에 숨어 있다가 적이 돌아오기를 기다려 협공하여 무찌르고 또 수백 명의 목을 베며 그 배를 갈라 창자를 길가에 늘어놓아 우리 군사의 위세를 크게 떨치자 왜적은 더욱 두려워하였다.

12월에 또 쌍포에서 싸웠는데 싸움이 한창 벌어지자 한 편장이 용맹한 기병을 이끌고 재빨리 가로 찌르기를 하니 왜적은 세력을 잃어 맞서지도 못하고 모두 흩어져 달아나므로 그 기세를 타고 크게 쳐부수었다.

이듬해 정월에 단천에서 싸웠는데, 세 번 싸워 세 번 이기고 돌아와 길주에 진을 치고 군사들을 쉬게 하자 가토가 불리하다는 것을 알고 군대를 보내어 길주의 왜병을 구원하려 하므로 우리 군사들이 그 뒤를 쳐서 백탑에 이르러 크게 싸워 또 쳐부수었다. 이 전쟁에서 이붕수, 허대성, 이희당은 전사했으나 적은 마침내 물러가 다시는 감히 북쪽으로 올라오지 못했다. ……

– 북관대첩비문 중에서

정문부의 승전 소식이 이토록 통쾌했건만, 당시 함경도의 관찰사 겸 순찰사였던 윤탁연은 의병의 공적이 자기보다 뛰어난 것

을 시기하여 정문부가 자신에게 보고하지 않은 것에 화를 내고 왕
에게는 정문부의 공로를 숨기고 거짓을 아룁니다. 결국 정문부에
게는 포상이 제대로 내려지지 않았고, 다만 임해군과 순화군을 잡
아다 가토에게 넘긴 국경인 일당을 죽인 공을 인정받아 영흥부사
로 제수되었을 뿐입니다. 이후 현종 때 관찰사 민정중과 북평사 이
단하가 마을 어른들에게서 전해오는 이야기를 듣고 사실을 조정에
알리자 조정은 비로소 정문부와 의병들의 공적을 인정하고 관직을
내립니다.

　　숙종 때인 1708년에는 길주에 북평사로 부임한 최창대가 건

의하여 임진왜란 당시의 대첩을 기념하고 정문부와 의병들의 업적을 기리는 비석을 세웁니다. 이것이 '조선국 함경도 임진의병 대첩비', 일명 북관대첩비北關大捷碑입니다. '북관'은 오늘날 함경북도 지역을 말합니다. 북관대첩비의 크기는 높이 187센티미터, 너비 66센티미터, 두께 13센티미터이고, 비에 새긴 글자 수는 1500자에 이릅니다.

왜군의 치욕스런 패전 기록, 북관대첩비

북관대첩비의 수모가 시작된 것은 1905년입니다. 러시아를 상대로 전쟁을 선포하고 북진하던 일본군은 함경북도 길주군 임명서원 근처에서 북관대첩비를 발견합니다. 일본군 2사단 17여단장 이케다 마사스케는 역사적으로 중요한 비석임을 직감하고 귀국하는 사단장 미요시 나리유키에게 전리품으로 바칩니다.

미요시 나리유키가 일본으로 빼돌린 북관대첩비는 도쿄의 야스쿠니[靖國]신사에 전시됩니다. 야스쿠니신사는 근대 이후 일본이 벌인 주요 전쟁에서 숨진 246만여 명을 신격화해 제사지내는 곳입니다. 태평양전쟁을 일으켰다 전범 재판을 거쳐 사형 당한 도조 히데키 등 전범까지 기리는 일본 군국주의의 상징과도 같은 장소입니다. 세계 각국의 비판에도 불구하고 일본 정치인들의 야스쿠니신사 참배는 계속되고 있습니다.

야스쿠니신사에서 북관대첩비를 처음 발견해 알린 사람은 일본에서 유학 중이던 조소앙趙素昻, 1887~1958이었습니다. 그는 1909년

재일본 조선 유학생 잡지인《대한흥학보》제5호에 북관대첩비를 빼내온 일본을 꾸짖는 글을 썼습니다.

1926년에는 정확한 신원이 밝혀지지 않은 누군가가 북관대첩비를 목격합니다. 이때에는 야스쿠니신사가 북관대첩비 옆에 비문을 소개하는 목패를 세워두었던 모양입니다. 목패에는 "북관대첩비는 함경도 명천군 임명진에 있었는데 일본이 조선과 전쟁한 사실을 기재하였다. 비문에는 대첩이라고 하였지만, 그 당시 사실과는 완전히 다르니 사람들은 비문을 믿지 말라"고 적혀 있었습니다. 이를 본 목격자는 이생李生이라는 필명으로《동아일보》에 기고문을 보냈습니다.

…… 우리 조선인은 고래古來로 패하고서 이겼다고 자찬하며 비석

을 세우는 일이 없는 이상에 그 비문의 당당한 정신을 우리가 충분히 추측할 수 있다. …… 무슨 곡절로 비석이 이곳에 이전되었는지는 알지 못하나 옛날의 전례로 추측하여 보면 일본이 강탈한 것이 사실일 것 …… 우리의 사적이 임명진에 있다가 이역의 일본 땅에 방치당하고 있는 사실을 깊이 기억하여 두자.

-《동아일보》1926년 9월 19일자

하지만 시절이 어수선하다 보니 북관대첩비는 그렇게 잊히는가 싶었습니다. 그러던 1978년, 재일학자 최서면崔書勉, 1928~2020이 《대한흥학보》에 실린 조소앙의 글을 확인하고 이를 다시 언론과 정부에 알렸습니다. 북관대첩비의 존재와 반환에 대한 여론이 일자 정문부의 후손인 해주 정씨 문중이 한일친선협회를 통해 야스쿠니신사에 북관대첩비의 반환을 요청했습니다. 1979년에는 우리 정부도 일본 정부에 북관대첩비의 반환을 공식 요청합니다만, 조총련의 반발로 성사되지 않았습니다.

남북이 통일되면 돌려주겠다?

1990년대 들어 북관대첩비의 반환 운동은 민간단체를 중심으로 새롭게 번져나갔습니다. 1991년에는 한국호국정신선양회, 1993년에는 한일의원연맹합동총회의와 북관대첩비환수촉진위원회, 1999년에는 한일문화재교류위원회가 여러 차례 반환을 촉구했습니다. 그러나 일본 정부는 '북관대첩비의 원소재지가 북한인 데다

외교 협력으로 돌아온 문화재

**야스쿠니신사의
북관대첩비**

기단과 지붕돌을 잃은 채
비신만 방치되어 있었다.
커다란 자연석에 눌려
있는 것을 볼 수 있다.

신사가 보유한 물건에 정부가 관여하는 것은 곤란하다'며 반려합
니다. 야스쿠니신사는 '남북통일이 되면 돌려주겠다'고도 했습
니다.

그러는 사이 북관대첩비는 훼손되고 있었습니다. 비신만 뽑
혀 일본 땅으로 온 북관대첩비는 제대로 된 받침 위에 놓이는 대신
콘크리트 덩이에 꽂혀 있었고, 비신 위에 지붕돌을 대신하여 올려
놓은 자연석1000kg은 비신480kg에 비해 지나치게 크고 묵직했습니

가키누마 센신 스님(왼쪽)과 초산 스님

한일 양국의 뜻있는 사람들이 힘을 모아 북관대첩비의 반환을 성사시켰다.

다. 자기 몸집보다도 크고 무거운 돌에 짓눌린 비신은 곳곳이 갈라진 데다 머리돌이 떨어지지 않도록 시멘트 모르타르로 붙여놓은 상태라 시멘트 모르타르가 서서히 흘러내리면서 비신의 음각 부분을 파고들어 글자를 훼손하고 있었습니다. 제자리를 떠난 북관대첩비는 보호를 받기는커녕 수모를 겪고 있었던 것이지요.

반환 운동, 한일·남북·민관이 쉼없이 다양하게

끈질긴 반환 요청에도 일본 정부와 야스쿠니신사는 꿈적하지 않았습니다. 하지만 일본 내에도 북관대첩비가 반환되어야 한다고 생각하는 사람들이 있었습니다.

일본 서예가 요코 세이자부로는 북관대첩비 탁본을 하면서

"비석이 진동하며 우는 것을 느꼈다. 하루빨리 한국으로 옮겨야 한다"라고 했고, 일본 승려 가키누마 센신[柿沼洗心, 1932~2009]은 한일불교복지협회의 일본 측 대표로 북관대첩비 반환 운동을 활발히 펼치고 있었는데, 이 북관대첩비 탁본을 한일불교복지협회의 한국 측 대표인 초산 스님에게 건네기도 했습니다.

한일 두 나라의 승려가 힘을 합해 반환을 요청했지만, 야스쿠니신사의 대답은 변함이 없었습니다. 생각해보면 민족혼이 담긴 북관대첩비를 찾자는 데 남북이 합의를 이루지 못할 것도 없었습니다. 북한의 길주에 있던 비석이니 남북이 합의하여 요청하면 '남북통일이 되면 돌려주겠다'는 야스쿠니신사도 더 이상 할 말이 없게 될 테니까요. 2005년 3월 28일, 남북한의 불교계 대표는 중국 베이징에서 만납니다. 공동으로 북관대첩비 반환을 요청하고, 반환을 받은 뒤에는 함경도 길주 땅에 보내기로 뜻을 모았지요.

민관 협력과 남북 합의가 쾌거를 이루다

민간 차원의 반환 운동이 성과를 내자 정부도 반환 교섭에 다시 나설 힘을 얻었습니다. 정부는 2005년 5월 북관대첩비 반환을 위한 남북 문화재당국 간 회담을 북한에 정식으로 제안하고, 6월 20일에는 노무현 대통령과 고이즈미 준이치로 일본 총리가 한일정상회담에서 만나 북관대첩비 반환에 대해 합의합니다. 6월 23일 남북 장관급회담에서 북관대첩비 반환 사업을 남북 공동으로 추진하기로 합의하자, 야스쿠니신사는 북관대첩비 반환을 최종적으로 결

**야스쿠니신사에서의
고유제**

2005년 10월 15일
야스쿠니신사에서
고유제를 치른
북관대첩비는
고국으로 향했다.

정하고, 이를 바탕으로 우리 정부가 일본 정부에 북관대첩비 반환
을 공식 요청하지요. 10월 12일 대한민국 정부와 일본 정부가 마
침내 북관대첩비 인도 문서에 서명합니다.

그리고 여드레가 지난 10월 20일, 북관대첩비는 한국으로 이
송되었습니다. 1905년 북관대첩비가 제자리를 떠난 지 무려
100년, 1978년에 북관대첩비 반환 운동을 시작한 지 27년 만에 이
룬 결실이었습니다. 10월 21일 국립중앙박물관 앞에서 북관대첩
비의 귀환을 알리는 고유제_{중대한 일을 치른 뒤 그 내용을 천지신명에게 알리는 제사}
가 치러졌습니다. 10월 28일에는 국립중앙박물관 용산 이전 개관
식이 열렸는데, 이때 일반에 처음 공개되었습니다.

이후 11월 북관대첩비 인도 방안을 논의하기 위해 남북한 대
표들이 개성에서 만납니다. 북한에는 북관대첩비의 원래 받침돌
이 남아 있고, 북한은 원소재지에 비를 세우기 위해 도로를 건설

외교 협력으로 돌아온 문화재

중이라고 했습니다. 우리 정부는 정밀한 보존 처리 작업을 마치고 2006년 3월 1일 북한에 인도했습니다. 북관대첩비는 3월 26일 본래 서 있었던 그 자리, 함경도 옛 길주 땅인 김책시 임명동에 다시 세워졌습니다.

조선중앙통신은 북관대첩비 반환을 두고 "북남인민들이 힘을 합쳐 일제가 약탈해간 북관대첩비를 지난해에 넘겨받아", "공화국에서는 이 비를 역사주의적 원칙에서 원상태로 세우기 위한 사업을 적극 벌였다"고 알렸습니다. 북한은 북관대첩비를 국보유적 제193호로 지정했습니다.

본래 있어야 할 자리로 북관대첩비는 돌아갔습니다. 임진왜란 때부터 일제강점기를 거쳐 오늘날에 이르기까지 북관대첩비가 겪어야 했던 영광과 수난의 세월은 많은 사람들의 마음을 움직였습니다. 북관대첩비가 발견되고 난 뒤 수십 년 동안 이루어진 반환운동과 그 결과는 그야말로 민간과 정부가, 남한과 북한이, 한일 양쪽 정부와 불교계가, 후손과 역사학계가 간단없는 노력과 협력으로 이루어낸 쾌거입니다.

북관대첩비가 돌아온 2005년은 광복 60주년, 을사늑약 100주년이기도 했습니다. 복제품이긴 하지만 우리는 서울 국립고궁박물관과 천안 독립기념관 그리고 의정부 정문부 장군의 묘에서 북관대첩비를 만날 수 있습니다. 북관대첩비를 원래의 자리, 함경도에서 직접 만나는 언젠가 그 날엔 누구라도 가슴이 벅찰 것입니다.

외교 협력으로 돌아온 문화재

일제강점기 때 수난당한 사적비들

동서고금을 막론하고 전쟁에서 이긴 영웅들의 활약상을 기록으로 남기는 것은 매우 보편적인 일이었다. 어떤 특별한 사건이나 공적을 오래도록 기념하기 위해 세운 비석을 '사적비事蹟碑'라 한다. 전쟁에서 국가를 위해 공적을 세운 것을 널리 알려 애국심을 높이고자 하는 것이 주된 목적이었다. 고려 때 이성계가 남원에서 왜구를 무찌른 사실을 기록한 황산대첩비, 임진왜란 때 이순신 장군의 전승을 기념하기 위해 세운 명량대첩비와 좌수영대첩비 그리고 권율 장군의 행주전승비 등이 대표적 예다.

일제강점기에는 이런 사적비들이 파괴의 표적이 되었다. 조선 민족의 혼을 말살하기 위함이었다. 일제강점기 내내 식민지 조선의 문화재를 무자비하게 약탈하고 파괴해온 일본은, 태평양전쟁에서 연합군에게 밀리기 시작하자 그 도를 더했다. 1943년 11월에 조선총독부는 각 도의 경찰들에게 항일 민족의식을 고취하는 문화재는 모두 없애라는 지시를 비밀리에 내렸다. 이른바 '유림의 숙정 및 반시국적 고적의 철거' 명령이었다. 우선적으로 제거될 대상은 과거 왜군을 물리친 내용이 담긴 비들이었다. 총독부가 작성한 목록에 의하면 파괴 대상 사적비는 고양 행주전승비, 청주 조헌전장기적비 등 20기였다.

황산대첩비와 관련하여 조선총독부가 작성한 공문의 내용은 다음과 같다.

"황산대첩비는 학술상 사료로서 보존의 필요성이 있기는 하지만 그 존재가 관할 도경찰부장의 의견대로 현 시국의 국민사상 통일에 지장이 있는 만큼 그것을 철거함은 부득이한 일로 사료됨. 따라서 다른 물건들과 마찬가지로 적당한 처치 방법을 강구할 것. ······ 서울로 가져오기엔 수송의 곤란이 적지 않고, 그 처분을 경찰 당국에 일임하는 바임."

이로써 이성계의 황산대첩비는 다이너마이트로 폭파당해 산산조각 났다. 건봉사에 있던 임진왜란 승병장 사명대사 유정의 기적비紀跡碑는 처참하게 파괴되었고, 해인사에 있는 사명대사 석장비는 십자 모양의 네 조각으로 파손되어 길가에 방치되던 것을 1958년에 복원하였다. 임진왜란 최고 영웅인 이순신 장

합천 해인사 홍제암 사명대사 석장비

조선 1612년, 전체 높이 360cm, 보물.
1943년 일본인 합천경찰서장이 네 조각으로 깨트려 길가에 방치하였던 것을
1958년 지금의 자리로 옮긴 뒤 수리하여 다시 세웠다.

군의 명량대첩비^{보물}와 좌수영대첩비^{보물}는 조선총독부의 명령이 내려지기 이전인 1942년에 진작 사라졌는데, 일제가 패망한 후 수소문 끝에 경복궁 근정전 뜰에서 발견하여 제자리로 돌려놓은 바 있다.

문화재는 원래 그 자리에 있어야 의미와 가치가 빛난다. 특히 사적비는 현장성이 매우 중요한 문화재다. 그 자리에 있을 때 당시의 사건과 상황을 생생하게 돌이킬 수 있기 때문이다. 북관대첩비가 본래 서 있던 옛 함경도 길주 땅으로 돌아간, 당연한 이유다.

조선총독부가 작성한 고적 파괴 목록

비명	소재지
행주전승비 幸州戰勝碑	경기도 고양
조헌전장기적비 趙憲戰場記蹟碑	충청북도 청주
명람방위종덕비 明濫芳威種德碑	충청남도 공주
명위관임제비 明委官林濟碑	충청남도 공주
망일사은비 望日思恩碑	충청남도 공주
이순신신도비 李舜臣神道碑	충청남도 아산
황산대첩비 荒山大捷碑	전라북도 남원
타루비 墮淚碑	전라남도 여수
이순신좌수영대첩비 李舜臣左水營大捷碑	전라남도 여수
이순신명량대첩비 李舜臣鳴梁大捷碑	전라남도 해남
명장량상동정시비 明張良相東征詩碑	경상남도 남해
해인사 사명대사석장비 四溟大師石藏碑	경상남도 합천
김시민전성극적비 金時敏全城劇敵碑	경상남도 진주
촉석정충단비 矗石旌忠壇碑	경상남도 진주
이순신충렬묘비 李舜臣忠烈廟碑	경상남도 통영
정발전망유지비 鄭撥戰亡遺址碑	부산
건봉사 사명대사기적비 四溟大師記積碑	강원도 고성
연성대첩비 延城大捷碑	황해도 연안
녹보파호비 鹿堡破胡碑	함경북도 경흥
현충사비 顯忠祠碑	함경북도 회령

12

돌아온 조선 총대장 깃발,
돌려준 러시아 함선 깃발

어재연 장군 수帥자기

미국 메릴랜드주의 주도인 아나폴리스Annapolis는 아름다운 항만 도시이자 유서 깊은 역사 유적 지구입니다. 워싱턴 D.C.에서 동쪽으로 50킬로미터 거리에 위치하며, 워싱턴 D.C.가 수도가 되기 전인 1783년부터 1784년까지 잠시 미국의 임시 수도였지요. 도시 중심부에 위치한 건물들 대부분은 미국 독립 이전의 건축물입니다. 아나폴리스의 랜드마크인 메릴랜드주 의회청사는 1779년에 건축되어 현재까지 입법 용도로 사용되고 있는 미국에서 가장 오래된 의사당입니다. 1845년에 개교한 미국 해군사관학교가 소재한 곳으로 명성이 높습니다.

　해군사관학교 교정 한 편에 박물관이 있습니다. 미국 해군의 역사 유물과 수많은 배의 모형들을 소장하고 있지요. 오래전 미국과 전쟁을 치렀던 여러 나라의 깃발들도 빼곡히 전시하고 있습니다. 군대에서 깃발은 그 부대의 상징이자 명예입니다. 이곳에 전시된 깃발들로 말하자면, 미국인에게는 전승의 역사를 기억하게 하는 전리품입니다.

어재연 장군 수자기

조선 19세기, 무명, 430×413cm, 강화전쟁박물관 보관.
대장의 상징인 수帥 자가 크게 새겨져 있는 거대한 깃발로, 대여 형식으로 우리나라에 돌아왔다.

**광성보에서 바라본
용두돈대와 손돌목**

물살이 거친 손돌목의
해안절벽 돌출부 정상에
용두돈대를 쌓았다.
강화도는 한양으로
들어가는 수로를 통제할
수 있는 요충지였다.

　　반대로 깃발을 잃은 쪽은 어떨까요? 깃발을 잃었다는 것은 싸움에서 패배했다는 것을 의미합니다. 박물관에는 조선의 깃발도 있었습니다. 크기가 무려 세로 430센티미터, 가로 413센티미터입니다. 이 깃발은 담요처럼 둘둘 말려 유리 진열장 안에 놓여 있었습니다. 어마어마한 크기의 조선시대 깃발이 멀리 미국 땅 해군사관학교 박물관에 웅크리고 있었던 사연은 140여 년 전으로 거슬러 올라갑니다.

신미양요, 남북전쟁의 고참 군인도 혀를 내두른 치열함

　　1871년 6월 1일 강화도의 관문인 손돌목 쪽으로 미국 군함 2척과 이를 따르는 배 4척이 들어옵니다. "해변을 탐색하고 연안 수심을 측량하고자 한다"고 일방적으로 통보한 후 손돌목에 나타난 것입니다. 갑자기 나타난 낯선 타국 군함에 광성진의 조선군이 대포를 쏩니다. 허가 없이 다른 나라의 바닷길을 측량하는 것은 명백한 도발 행위이니까요. 미군 함대도 거침없이 함포를 쏘아댔습니다. 측량이 목적이었다는 미군은 일단 물러섭니다. 이때 조선군 한 명이 죽고 미군 두 명이 부상당했습니다.

강화도에 들어온 이들 미군 함대의 목적은 무력을 과시하여 강제로라도 조선과 통상 조약을 맺는 것이었습니다. 1866년에는 미국 상선 제네럴셔먼호가 대동강을 거슬러 평양까지 올라와 통상을 요구한 일이 있었습니다. 조선이 통상을 거부하자 제네럴셔먼호의 선원들은 조선의 관원을 억류하고 주민들을 해치는 등 난동을 부렸습니다. 이에 조선은 제네럴셔먼호를 공격하여 불을 질렀고 선원은 모두 몰살했습니다. 미국은 이 '제네럴셔먼호 사건'을 조사한다는 빌미로 조선과 통상할 기회를 호시탐탐 노리고 있었습니다. 그러다 군함 5척과 해군 1200여 명으로 구성한 '아시아함대'를 조직한 뒤 우선 군함 2척을 앞세워 무력을 행사하고 나선 것입니다.

이 무렵 조선 정부는 이양선異樣船들이 근해에 자주 출몰하여 신경을 곤두세우고 있었습니다. 1866년에는 천주교 탄압을 빌미로 쳐들어온 프랑스군이 강화성을 점령하고 외규장각을 약탈하는가 하면병인양요, 1868년에는 독일 상인 오페르트가 충남 예산 땅에 들어와 흥선대원군의 아버지인 남연군의 묘를 파헤치는 만행까지 저질렀습니다. 이들이 원하는 것은 수교와 통상이었으나, 조선 정부는 "수천 년 동안 예의의 나라로 이름 높은 우리가 어찌 금수와 같은 무리와 화친할 수 있겠는가"라며 거부했습니다.

당시 한양과 가까운 강화도는 군사 400여 명 규모의 군영인 진무영鎮撫營이 지키고 있었습니다. 숙종 때 설치된 진무영은 유사시 부근의 연안부, 부평부, 통진부, 풍덕부의 군사와 경기도, 충청도, 황해도의 수군을 모두 통솔하여 강화도를 방어하는 역할을 맡았습니다. 특히 병인양요 이후로 조선은 진무영 수장인 진무사의 품계를 정2품으로 올리는 등 방어 태세를 더욱 강화합니다. 손돌목 사건이 일어나기 직전에는 어재연魚在淵, 1823~1871을 진무영의 중군中軍, 각 군영의 대장 또는 사(使, 지방장관)에 버금가는 장관으로 정하고 군사 600명, 무기, 군량을 보내어 더 튼튼히 방비했습니다.

손돌목 사건을 보고받은 조선은 신속히 "강화해협은 안보상 중요한 수로이므로 미군 함대가 조선의 정식 허락 없이 항해한 것은 주권 침해요, 영토 침략 행위"라 규탄하고 손돌목에서의 포격은 정당방위라는 입장과 미국과의 외교 교섭을 거부하는 내용을 담은 편지를 미군 함대에 보냅니다. 그렇지만 미군 함대 측의 책임자인 주청駐淸미국공사 프레더릭 로우와 존 로저스 제독은 무단 공격의 책임은 조선에 있으며 사나흘 안에 협상하러 나오지 않으면 자유행동을 취할 것이라며 답서를 보내왔습니다.

6월 9일 조선은 미군에 다시 편지를 보냈습니다. 이튿날 아침 편지를 받은 미군은 이전 내용의 반복에 불과하다며 무시하고, 불시에 초지진을 공격하여 점거해버립니다. 그날 밤 곧바로 조선군이 야습을 감행했지만 역부족이었고, 6월 11일 새벽에는 미군이 반격에 나섰습니다. 해협을 따라 북상한 미군 함대가 덕진진에 맹

신미양요 당시 미 해군의 작전지도

신미양요 격전지들의 위치를 확인할 수 있다. 아래부터 초지진Fort Duconde, 덕진진Fort Monocacy, 광성보Fort McKee이다.

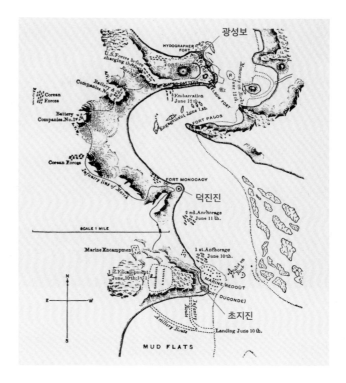

신미양요 당시 광성보

조선군은 최신 무기로 무장한 미군을 맞아 결사 항전했으나 결국 광성보는 함락되었고 많은 조선군이 목숨을 잃었다.

어재연 장군 수자기

___
광성보
신미양요 당시 가장 치열했던 격전지로 어재연 장군을 비롯한 350여 명이 넘는 조선군이 이곳에서 목숨을 잃었고 수자기도 끌어내려졌다.

럴히 함포 사격을 해대자 덕진진도 순식간에 함락됩니다. 미군은 멈추지 않고 진무영 본진本陣이 주둔한 광성보로 진격해 함포를 쏘고 상륙 부대를 동원하여 총공격을 감행했습니다.

광성보는 높이 45미터의 가파른 절벽에 자리 잡은 요새였습니다. 하지만 최신 무기로 무장한 미군의 공격을 당해낼 수 없었습니다. 어재연 장군도 이때 전사합니다. 당시 본진 총대장 어재연을 비롯한 조선군이 얼마나 필사적으로 항전했는지, 이때 미 해군 소령의 지위로 전투에 참전했고 후일 제독의 자리에까지 오른 윈필

외교 협력으로 돌아온 문화재

드 슐리는 30여 년 뒤 자신의 회고록에 다음과 같은 기록을 남겼습
니다.

> 조선군은 근대적인 무기를 한 자루도 보유하지 못한 채 노후한 전
> 근대적인 무기를 가지고서 근대적인 화기로 무장한 미군에 대항
> 하여 용감히 싸웠다. 조선군은 그들의 진지를 사수하기 위해 용맹
> 스럽게 싸우다가 모두 전사했다. 아마도 우리는 가족과 국가를 위
> 해 그토록 용감히 싸우다가 죽은 국민을 다시는 볼 수 없을 것이다.
>
> — 《기함에서의 45년》 중에서

마찬가지로 전투에 참전했던 매클레인 틸튼 대위 그리고 일본
과 조선에서 동양학자로도 활동한 윌리엄 그리피스 목사도 각각
이렇게 적었습니다.

> 조선군 몇몇은 불에 새까맣게 타버린 채, 그 주위에 떨어진 9인치
> 포탄이 터져 산산조각이 나버렸다. 좁은 지면 위에 쌓인 조선군
> 시체만도 40구나 되었고, 머리에 총탄을 맞아 죽은 자가 대부분이
> 다. 그들이 입은 옷은 모두 흰옷이었고, 흰옷에 붉은 피가 물들어
> 서 적백색이 더욱 두드러진 대조를 이루었다.
>
> — 《1871년 해병대의 상륙작전》 중에서

그토록 작은 공간에 그리고 그토록 짧은 시간에, 그토록 많은 탄
환과 포연이 집중되는 것은 남북전쟁의 고참들도 일찍이 본 적이

어재연 장군 수자기

없었다. …… 그들은 미군에게 돌멩이를 던졌다. 그들은 창과 칼로써 미군을 대적했다. 손에 무기가 없는 그들은 흙가루를 집어 침략자들에게 던져 앞을 보지 못하게 했다.

-《은자의 나라, 한국》 중에서

결사 항전에도 불구하고 끝내 광성보는 함락되었고, 미군은 진무영 본진의 깃발을 내리고 성조기를 올렸습니다. 그러나 다음 날에는 이렴이 이끄는 조선군에게 야간 기습을 당하는 등 조선군의 맹렬한 저항에 더 이상의 공격이 무모함을 깨달은 미군은 서둘러 퇴각합니다. 신미양요辛未洋擾를 일으킨 미군은 애초 목적이었던 통상의 문을 여는 데 실패했고, 이후 조선은 척양척화斥洋斥和에 자신감을 갖고 쇄국정책을 한층 더 굳힙니다.

현존하는 수자기는 어재연 장군의 것이 유일

아시아함대의 기함旗艦인 콜로라도호는 강화도에 직접 들어오지 않고 서해 작약도 근처에 정박한 채 강화도 전투를 총지휘하고 있었습니다. 광성보에서 퇴각한 뒤 미군 세 명이 이 콜로라도호 선상에서 찍은 기념사진이 전합니다. 맨 오른쪽에 서 있는 키 작은 이가 매클레인 틸튼 대위입니다. 사진에 군인들 뒤로 '帥수' 자가 선명한 커다란 깃발이 보입니다. 광성보를 함락시키고 탈취해간 조선 군기, 수자기帥字旗입니다.

깃발 한가운데에 적힌 '帥' 자는 '장수'를 뜻합니다. 수자기는

외교 협력으로 돌아온 문화재

총대장이 있는 본진에 꽂는 깃발입니다. 임진왜란 등에서 벌어진
전투를 기록한 옛 그림에서도 '帥' 자가 적힌 깃발을 확인할 수 있
습니다. 아나폴리스 미국 해군사관학교 박물관 한구석에 접혀서
보관되어 있었던 조선의 깃발은 1871년 신미양요 당시 미군이 광
성보를 함락시키고 빼앗아간 바로 그 어재연 장군의 깃발이었습니
다. 황색의 무명천에 검은색 '帥' 자가 적혀 있는 수자기는 전투가

끝난 뒤 미군에 의해 내려질 때 일부가 찢어졌다고 합니다. 실제로 오른쪽 아래에 천을 덧댄 흔적이 있습니다.

조선은 신미양요로 큰 피해를 입었습니다. 미군의 전사자가 3명, 부상자가 10명이었던 것에 반해 조선군 전사자는 어재연과 그의 동생 어재순을 포함, 무려 350여 명에 달했습니다. 조정은 "늠름한 충성과 용기가 마치 그 사람들을 직접 눈으로 보는 듯하다"며 전사한 군사들을 애도하고, 어재연 장군에게 병조판서 겸 지삼군부사라는 높은 관직과 충장忠壯이라는 시호를 내렸습니다.

총대장의 상징 깃발, 136년 만에 돌아오다

우리나라에 현존하는 수자기는 어재연 장군의 것이 유일합니다. 2007년 우리 정부는 국내에 남아 있는 실물이 없기에 문화재로서의 소중함이 더 큰 이 수자기를 가져오기 위해 조심스럽게 계획을 세웠습니다. 수자기를 보관하고 있는 미국 해군사관학교 박물관장 앞으로 편지를 보내 수자기에 대한 관심을 보이며, 수자기를 돌려받을 수 있는 방법이 있으면 조언을 구하고 싶다는 식으로 반환 의사를 완곡하게 드러냈습니다. 섣불리 반환을 추진했다가 자칫 거절을 당할 수도 있으니까요.

"대통령의 명령과 의회의 입법으로 지난 200여 년 동안 치른 전쟁에서 승리하여 세계 각지에서 노획한 깃발 약 250점을 보관하고 있으며, 수자기도 그중 하나"라는 답변이 왔습니다. 박물관장은 "미국 법 때문에 반환은 불가능하지만, 연구를 위해 수자기를 조사

외교 협력으로 돌아온 문화재

〈부산진순절도〉

변박, 조선 1760년, 비단에 채색, 145×96cm, 육군박물관 소장, 보물.
임진왜란 당시 부산진 전투를 그렸다. 그림 가운데 문루에 높이 걸린 수자기를 확인할 수 있다.

제물포해전 당시의 바리야크호
1904년 일본 해군의 공격을 받아 큰 타격을 입은 바리야크호가 검은 연기를 내뿜고 있다.

하는 것을 연구자의 한 사람으로서 도와줄 수는 있다"며 여지를 남겼습니다.

우리 정부는 미국 해군사관학교 박물관을 찾아가 수자기를 확인한 뒤, 불가능하다는 반환 대신 장기 대여를 제안하는 쪽으로 방향을 바꾸었습니다. 그러자 박물관 측이 10년 동안 한국에 대여해주겠다는 결정을 내렸습니다. 미국으로부터 영구히 돌아온 것은 아니고 대여 기간인 10년이 지나면 돌려줘야 합니다. 그러나 협상을 통해 기간을 다시 연장하거나 영구 대여의 형식으로 바꿀 수도 있다는 가능성을 기대해볼 수 있습니다. 실제로 2017년 약속한 10년의 대여 기간이 끝났지만, 이후 2년 단위의 재계약을 거듭해오고 있습니다. 돌아온 수자기는 2022년 현재 강화전쟁박물관에 전시되어 있습니다.

외교 협력으로 돌아온 문화재

어재연 장군 수자기와 러시아 바리야크호 깃발

1871년 신미양요 때 미군에 빼앗겼다가 136년 만인 2007년에 비로소 돌아온 수자기는 구한말 열강에게 개국을 강요당한 우리 역사의 상징입니다. 한편, 러시아에게도 자국으로 돌려놓고 싶은 깃발이 있었습니다. 러일전쟁 당시 인천 앞바다에서 격침당한 바리야크호의 깃발입니다.

1904년 2월, 한반도와 만주를 침략할 기회를 엿보던 일본은 러시아를 기습 공격했습니다. 당시 러시아 해군 순양함 바리야크호는 제물포항^{지금의 인천}에 정박해 있었습니다. 바리야크호를 포함한 러시아 함대는 일본 해군의 첫 번째 공격 대상이 되어 심한 타격을 입었습니다. 하지만 최후의 순간에 일본 함대에 항복하는 대신 제물포항에 있던 프랑스나 영국 등 다른 나라의 배들에게 피해가 가지 않도록 항구에서 나와 스스로 폭침을 선택합니다. 일본은 바리야크호의 찢어진 깃발을 전리품으로 가져갔고, 해방 후에는 인천시립박물관이 소장해오고 있었습니다.

러시아는 오래전부터 인천시에 이 깃발의 반환을 요청했습니다. 바리야크호는 지금도 '러시아의 영혼'으로 추앙받는 군함이며, 지난 2013년 11월 블라디미르 푸틴 러시아 대통령이 한국을 방문했을 때 인천에 도착하자마자 바리야크호 추모비부터 참배했을 정도입니다. 러시아 해군에는 그 이름을 이어받은 새로운 군함도 있습니다.

바리야크호 깃발은 러시아군의 애국심과 희생을 상징하는 유물입니다만, 우리에게도 역사적 의미가 큽니다. 일본과 러시아는 한반도에 대한 주도권을 놓고 우리 땅을 전쟁터로 삼았고, 그 전쟁의 결과 대한제국은 끝내 일본의 강점에 놓이게 되었습니다. 바리야크호 깃발은 수자기와 마찬가지로 19세기 말 20세기 초 열강의 각축장이었던 한반도 상황을 극명하게 보여주는 역사의 증표입니다.

문화재는 역사에 대한 기억과 함께 그 가치를 소중히 여기는 후손들에 의해 새로운 의미를 갖게 됩니다. 바리야크호 깃발은 이제 대한민국과 러시아 양국 교류의 상징으로서 역할을 해내고 있습니다. 바리야크호 깃발은 2010년 서울에서 열린 G2 주요 20개국 정상회의를 계기로 방한한 드미트리 메드베데프 러시아 대통령에게 전달되었습니다. 미국 아나폴리스 해군사관학교 박물관이 우리나라에 수자기를 대여해준 것처럼, 우리도 러시아에 바리야크호 깃발을 대여한 것입니다. 바리야크호 깃발은 러시아 현지에서 일반에 공개되어 4년간 전시되었습니다.

외교 협력으로 돌아온 문화재

조선시대 군사 깃발

현대의 군기는 부대의 상징 정도의 역할만을 하고 있다. 하지만 옛날에는 징, 북과 함께 넓은 전장에서 명령을 전달하는 데 효과적으로 사용되었다. 깃발은 색^{시각}, 북은 소리^{청각}로 신호하는데, 모든 장수와 군사는 이 신호를 입으로 하는 명령보다 우선시해야 했다. 그만큼 군대의 깃발 체계는 중요했다.

군기에는 지위와 계급을 상징하는 깃발, 방위와 위치를 표시하는 깃발, 각종 지휘 및 신호 깃발 등이 있었다. 총대장이 있는 경우에는 여러 종류의 깃발을 내걸게 된다. 각 영^{조선 후기 군제에서 가장 높은 단위}의 대장이 있는 곳에는 대장의 직책을 나타내는 사명기^{司命旗}, 대장이 있는 본영임을 표시하는 수자기^{帥字旗}, 하급 부대에 명령을 내리는 데 사용하는 인기^{認旗} 등이 함께 걸린다. 오방기^{五方旗}는 동·서·남·북·중앙의 방위를 나타내는데, 각각 사신^{四神}이 그려진 대오방기, 신장^{神將}이 그려진 중오방기, 그림이 그려지지 않은 소오방기로 나뉜다. 실제 신호를 보내는 데에는 소오방기가 활용되었다. 좌독기^{坐纛旗} 역시 대장의 곁에 서는 깃발 중 하나로 우리나라뿐만 아니라 중국을 비롯한 동아시아에서 모두 함께 사용한 군기였다. 가운데에 태극과 팔괘가 그려져 있어 권위를 나타냈다.

조선시대 군기는 수백 종이 있었다고 하며 시기마다 군기의 형태와 의미는 달라지기도 하였다. 그러나 현재 남아 있는 깃발은 모두 합쳐 20여 점에 불과하다.

군사 깃발 중 좌독기(왼쪽)와 오방기의 백호기
(왼쪽) 42.5×41.5cm, (오른쪽) 155.0×141.5cm, 국립고궁박물관 소장.

13

한국과 프랑스 두 나라,
해법을 찾다

외규장각 의궤 297책

시간은 1866년으로 거슬러 올라갑니다. 당시 집권하고 있던 흥선
대원군의 천주교 탄압으로 8000여 명에 달하는 천주교도가 처형
되었습니다. 이때 조선에서 활동하고 있던 프랑스 신부 열두 명 가
운데 아홉 명도 함께 죽음을 맞았습니다. 구사일생으로 살아남은
세 명 중 한 명인 리델 신부가 조선을 탈출하여 중국 천진天津, 톈진에
주둔해 있던 프랑스 극동함대에 그 사실을 알렸고, 프랑스 해군은
로즈 제독이 이끄는 함대를 강화도로 파견합니다. 충청·전라·경상
과 한양을 잇는 서해의 주요 물길인 강화도가 프랑스군의 1차 목
표가 되었습니다.

　강화도는 조선시대 이전부터 지리적으로도 역사적으로도 중
요한 전략적 거점이었습니다. 고려 때 몽골이 침입했던 시기에는
본궁 역할을 한 궁궐이 세워졌고, 조선시대에는 그 자리에 임시 궁
궐인 행궁이 설치되었지요. 강화도를 침공한 프랑스군은 순식간
에 강화성을 점령하며 기세를 올립니다만, 얼마 지나지 않아 조선
군의 반격으로 퇴각합니다. 그러나 그들은 강화도를 떠나기 전 관

외규장각 의궤

의궤는 조선시대 중요 국가 행사를 처음부터 끝까지 상세하게 기록한 책이다. 그중 외규장각 의궤는 왕이 보는 어람용 의궤로, 가장 귀한 재료로 정성스럽게 만들었다. 2011년 프랑스로부터 우리나라에 돌아왔다.

외규장각 의궤 297책

**강화도를 점령한
프랑스군**

병인양요 당시 프랑스군
견습 사관 앙리 쥐베르가
강화유수부 앞을 지나는
프랑스군의 모습을
그렸다.

아에 불을 지르고 값진 물건들을 닥치는 대로 약탈합니다.

왕실의 귀중한 기록 등을 안전하게 보관하기 위해 강화도에
설치한 외규장각外奎章閣이 약탈의 표적이 되었습니다. 프랑스군은
외규장각과 그 안에 보관되어 있던 5000여 점의 도서와 사료들을
불태워버리고, 340책에 달하는 서책, 무기와 보물, 은괴 등을 가지
고 중국으로 달아나버립니다. 당시 그들이 약탈해간 물품의 목록
은 로즈 제독이 프랑스 해군성에 보낸 보고서에 실려 있습니다.

프랑스국립도서관 창고에서 잠든 외규장각 의궤

100년이 넘는 세월이 흘렀습니다. 1975년 프랑스국립도서관 사
서로 일하던 박병선朴炳善, 1928~2011 박사가 도서관 별관 파손 도서
수장고에서 외규장각 의궤儀軌 297책을 찾아냅니다.

그가 프랑스에 도착한 것은 1955년 8월입니다. 서울대학교 역사교육과를 졸업하고 프랑스로 유학을 떠나는 그에게 스승인 이병도1896~1989 교수가 "병인양요丙寅洋擾 때 프랑스군이 약탈해간 문화재를 찾아보길 바란다"고 당부합니다. 박병선 박사는 국내 파리 유학생 1호입니다.

이병도 교수의 한마디는 가슴속에 깊이 새겨졌습니다. 파리 곳곳의 도서관, 고서점 등을 다니며 열정적으로 한국 고서를 찾아다녔고, 이런 그를 눈여겨 본 프랑스국립도서관 측에서 함께 일할 것을 제안합니다. 도서관에서 동양 고서를 정리, 연구하는 업무를 맡게 된 것이죠. 박병선 박사는 뛸 듯이 기뻤습니다. 마음껏 서고를 출입할 수 있으니까요.

박병선 박사가 1967년부터 1980년까지 프랑스국립도서관에 근무하며 이룬 업적은 참으로 소중합니다. 세상이 세계 최고最古의

박병선 박사

외규장각 의궤뿐 아니라 세계에서 가장
오래된 금속활자 인쇄본인 《직지》를
발견하고 그 가치를 밝혀냈다.

금속활자본 《직지》를 만날 수 있었던 것도, 프랑스군이 약탈해간
《외규장각 의궤》를 돌려받을 수 있었던 것도 모두 박병선 박사의
공로입니다.

　1967년 《직지》를 프랑스국립도서관에서 발견한 뒤 각고의 노
력과 집념으로 세계 최고의 금속활자본임을 혼자 힘으로 밝혀낸
저력의 그였습니다. 도서관을 대표해 1972년 '세계도서의 해' 전시
회에 《직지》를 알려 큰 파장을 일으킨 박병선 박사는 《직지》 연구
를 마무리하고, 외규장각 도서를 본격적으로 찾아 나섭니다. 파리
로 온 뒤 외규장각 도서를 찾아보라던 은사의 당부를 한시도 잊지
않던 그였습니다.

　프랑스국립도서관의 베르사유 별관에서 일하는 동료와 얘기

외교 협력으로 돌아온 문화재

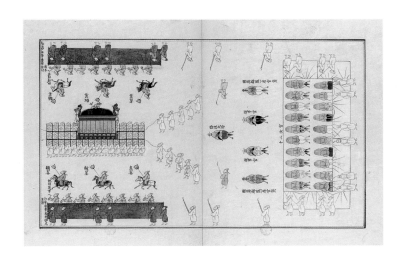

《장렬왕후국장도감의궤》

조선 1688년, 48.3×75.4cm(펼침면), 국립중앙박물관.
인조의 계비인 장렬왕후의 국장을 기록한 의궤로, 외규장각 의궤에만 있는 유일본이다.

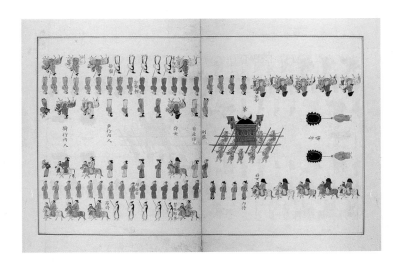

《숙종인현왕후가례도감의궤》

조선 1681년, 48.1×73.0cm(펼침면), 국립중앙박물관.
숙종과 인현왕후가 1681년에 올린 가례를 기록하였다. 화려한 반차도가 눈길을 끈다.

를 나누던 중 박병선 박사는 "파손 도서 서고에 한자로 쓰인 커다란 책들이 산더미처럼 있다"는 이야기를 듣게 됩니다. 파손된 서적을 모아둔 수장고를 뒤진 끝에 마침내 푸른색 표지에 문고리 장식이 달려 있는 화려한 책을 발견합니다. 심장이 멎는 듯했습니다. 외규장각에 보관되어 있다가 프랑스군에 의해 약탈된 조선왕조의 궤였습니다. 외규장각 도서의 행방을 찾겠다고 마음먹은 지 20여 년 만의 결실이었습니다.

그러나 프랑스군이 약탈해갔다는 340책 중 박병선 박사가 찾아낸 의궤는 모두 297권뿐이었고 나머지 의궤의 행방은 알 수 없었습니다. 행방불명된 의궤 중 한 권일 것으로 추정되는 《기사진표리진찬의궤己巳進表裏進饌儀軌》가 영국도서관에 있는데, 프랑스에 있는 한 치즈가게에서 10파운드에 구입했다는 영수증이 붙어 있었다고 합니다.

조선왕조의궤는 조선시대의 철저한 기록 문화와 탁월한 서지 기술이 단박에 드러나는 소중한 문화재입니다. 의궤는 혼례, 세자 책봉, 장례, 제례 같은 왕실의 의식에서부터 실록 편찬, 성곽 축조, 악기 제작이나 잔치에 이르기까지 조선 왕실이 치러낸 온갖 행사의 내용을 한눈에 알 수 있도록 모든 정보를 담아놓은 서책입니다. 후대 사람들이 법도에 맞게 의식을 치를 수 있도록 선례를 남기는 것이 의궤 제작의 목적이었습니다. 조선시대의 '국가 공식행사 보고서'라고 할 수 있지요. 의궤 안에는 다양한 의식의 절차, 사용한 물품, 참여한 사람들의 명단 등이 모두 기록되어 있을 뿐만 아니라 행사에 쓰인 기물과 복식 등을 그린 그림이나 행사 당시의 행렬 장

외교 협력으로 돌아온 문화재

《헌종대왕경릉산릉도감의궤》 분상용(왼쪽)과 어람용

(왼쪽) 조선 1849년, 44.2×31.7cm, 서울대학교 규장각한국학연구원 소장.
(오른쪽) 조선 1849년, 45.0×32.4cm, 국립중앙박물관.
어람용 의궤의 표지가 서양 비단으로 바뀌었지만 분상용 의궤와의 대략적인 차이를 확인할 수 있다.

면을 그린 반차도班次圖까지 함께 그려져 있습니다. 특히 반차도는
참으로 생생하여 한 편의 다큐멘터리를 보는 듯합니다. 조선왕조
의궤는 2007년 유네스코 세계기록유산으로 등재되었습니다.

　　의궤는 왕이 보는 어람용御覽用 의궤와 여러 곳에 보관해두기
위해 만든 분상용分上用 의궤 두 종류가 있습니다. 어람용 의궤는
좋은 종이를 사용하고 모든 그림을 손으로 그렸지만, 분상용 의궤
는 종이의 질이 어람용에는 미치지 못하고, 그림을 판화로 찍기도
했습니다. 또 어람용 의궤의 표지로는 화려한 문양이 들어간 비단
을 쓰는데, 분상용 의궤의 표지는 삼베입니다. 그 외에도 어람용은
국화무늬 놋쇠 판으로 변철을 대고 제목도 따로 흰 비단에 써서 표

지에 붙였지만, 분상용은 그런 부분이 생략되는 등 세세한 차이가 있습니다. 내용은 같지만, 들인 정성과 재료에는 차이가 있습니다.

병인양요 때 프랑스군이 약탈해간 외규장각 의궤는 대부분 어람용입니다. 조선의 역사와 문화를 잘 알지도 못했을 프랑스 군인들이 퇴각하는 급박한 와중에 어떻게 그 많은 서책 중에서 어람용 의궤를 추려갈 수 있었을까요? 누구나 귀중한 서책이라는 것을 한눈에 알아챌 수 있을 만큼 깨끗한 종이와 선명한 글씨 그리고 화려하게 돋보이는 천연색의 그림 때문이었을 겁니다.

'판도라의 상자'만큼은 절대 열 수 없다

박병선 박사로부터 프랑스국립도서관이 소장하고 있는 외규장각 도서에 대한 놀라운 소식이 전해진 뒤, 국내에서는 의궤의 반환에 대한 관심과 목소리가 높아졌습니다. 규장각을 관리해온 서울대학교도서관이 1991년 외무부를 통해 프랑스국립도서관에 소장되어 있는 외규장각 의궤 297책의 반환을 요청합니다.

하지만 프랑스의 대응은 지극히 미온적이었습니다. 약탈한 문화재이지만, 외규장각 의궤를 소장하고 있는 그들 입장에선 그것이 방법이었을 겁니다. 문화재의 불법 반출을 금지한 유네스코의 '문화재의 불법적인 반출입 및 소유권 양도의 금지와 예방 수단에 관한 협약'도 1970년 이전에 반출된 것에 대해선 효력이 없었습니다. 프랑스인들은 당시에는 약탈을 금지한 조항이 없고, 지금은 돌려줄 법적 이유도 없다고 했습니다.

외교 협력으로 돌아온 문화재

　　꿈쩍도 않던 반환 협상에 변화를 불러일으킨 것은 1993년 프
랑수아 미테랑 프랑스 대통령의 한국 방문이었습니다. 당시 프랑
스는 한국의 고속철도 사업권을 따내기 위해 대통령이 나설 정도
로 필사적이었습니다. 양국의 우호 관계를 확인하며 한국에 대한
호의를 내보이고 싶었던 미테랑 대통령은 개인적으로는 외규장각
의궤의 한국 반환을 바람직하게 여기고 있다는 입장을 밝힙니다.
우리 정부는 미테랑 대통령의 발언을 의궤 반환의 좋은 기회로 여
기고 미테랑 대통령이 한국을 방문할 때 의궤를 가지고 와주길 바
란다는 의사를 전달합니다. 마침내 미테랑 대통령은 1993년 9월

14일, 순조의 생모 묘소인 휘경원을 옮기는 과정을 기록한 《수빈휘경원원소도감의궤綏嬪徽慶園園所都監儀軌》 상권과 하권을 가지고 한국에 옵니다. 외규장각 도서의 1차 반환입니다.

같은 날 서울에서 김영삼 대통령과 만난 미테랑 대통령은 외규장각 의궤 반환 의사를 밝히며, 다음 날 저녁 상징적인 의미로 청와대에서 열릴 국민만찬 때 《수빈휘경원원소도감의궤》를 직접 전달하기로 했습니다. 그런데 문제가 생겼습니다. 의궤 관리의 책임을 지고 한국에 온 프랑스국립도서관의 동양서지 담당자인 모니크 코엔과 행정국장 자클린 상송이 미테랑 대통령의 명령을 거부하고 나선 것입니다. 미테랑 대통령은 결국 경호원들을 시켜 그들을 제지한 뒤에야 《수빈휘경원원소도감의궤》 중 상권을 김영삼 대통령에게 건넬 수 있었습니다. 그러고는 "과거 프랑스군이 전쟁 때 의궤를 가져온 것처럼, 나도 의궤를 거의 빼앗아서 가져왔다"고 말했습니다. 이 일을 두고 프랑스 국내에서는 '대통령이 범법 행위를 저질렀다'고 비난하는 여론까지 등장했습니다.

실제로 프랑스 문화재법은 "프랑스가 소장하고 있는 어떤 문화재도 임의로 타국에 양도할 수 없다"고 규정하고 있습니다. 대통령이라도 문화재에 대해 자의적으로 결정할 권리는 없는 것입니다. 결국 미테랑 대통령은 완전한 반환이 어려운 상황이라며 '훌륭한 문화유산을 서로 맞교환함으로써 양측 모두에게 이익이 되는 방법'을 찾아보자 하였습니다.

프랑스가 고속철도 사업권을 따내는 대가로 외규장각 의궤 반환을 약속한 것으로 받아들였던 우리 국민도 당황하지 않을 수 없

외교 협력으로 돌아온 문화재

었습니다. 결국 두 나라 정상은 외규장각 의궤 반환 문제에 대해 '교류와 대여', 곧 '대여'라는 틀 속에서 외규장각 의궤에 상응하는 무언가를 주고받자고 합의를 합니다.

장남을 구하자고 차남을 내줘?

두 대통령이 합의한 '교류와 대여'의 원칙은 이후 '두 나라 정부에 내려진 저주'라고 할 만큼 외규장각 의궤 반환에 어려운 숙제가 되었습니다. 양국 실무 담당자들은 두 정상 사이에 합의된 '교류와 대여'의 원칙에 근거해 협상을 시작했습니다. 그런데 이것이 큰일이었습니다. 1994년 한국 쪽이 프랑스에 대여해줄 도서 목록을 작성하여 보냈는데, 프랑스는 한국에 좀 더 성의 있는 태도를 요구했습니다. 한마디로 교환할 목록들이 마음에 들지 않았던 것입니다. 의궤를 가지고 있는 프랑스 입장에서는 협상이 결렬되어도 조급할 이유가 없었습니다. 프랑스는 외규장각 의궤와 동일한 가치가 있는 같은 수의 도서를 요구하였습니다. 목록이 수차례 오간 끝에 드디어 2001년 도서 선정에 대한 합의를 끝낼 수 있었습니다. 프랑스 측이 가지고 있는 외규장각 의궤, 즉 어람용 의궤를 한국 측이 소장하고 있는 분상용 의궤와 맞교환하자는 내용이었습니다.

그런데 이번에는 국내의 반대 여론이 들끓었습니다. '교류와 대여'라는 원칙 속에서 의궤를 교환한다는 발상은 장남을 구하자고 차남을 인질로 내주는 격이며, 약탈당한 문화재를 돌려받기 위해서 다른 문화재를 내줄 수는 없다는 것이었습니다. 결국 반환은

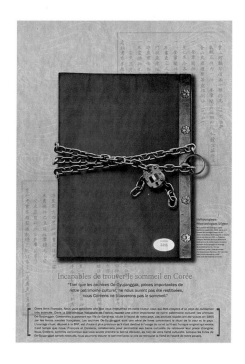

**프랑스 《르몽드》에 실린
외규장각 의궤 반환 촉구
광고**

2007년 3월 MBC TV 프로그램
〈느낌표〉와 문화연대는
'외규장각 도서가 반환되지 않으면
한국인은 잠들지 못한다'는 제목의
광고를 실어 프랑스 내에 반환
여론을 환기시켰다.

무산되고, 다시 협상은 지연되었습니다.

유네스코의 문화재 협약은 1970년 이전의 일에는 효력이 없다는 사실, 그리고 자국의 문화재 관련법을 내세워 약탈 문화재의 반환이라는 선례를 남기지 않으려는 프랑스 당국, 명백히 약탈당한 문화재를 돌려받는 데 대가를 지불하는 것은 용납하지 않겠다는 한국인의 정서. 이 팽팽한 실리와 명분의 대결 속에 외규장각 의궤를 돌려받을 묘수는 나오지 않았고, 합의점도 찾지 못한 채 속수무책 시간만 흘렀습니다.

외규장각 의궤, 145년 만의 귀환

반환 협상에 두 번째 기회가 옵니다. 2010년 11월 서울에서 G20 정상회의가 열리게 되었습니다. 다음 G20 정상회의의 의장국은 프랑스였습니다. 관례에 따라 현 의장국과 차기 의장국은 긴밀한 협력 관계를 유지해야 했습니다. 우리 정부는 G20 정상회의를 기회로 열릴 한국과 프랑스 두 나라의 정상 회담을 외규장각 의궤 문제에 대한 합의를 볼 수 있는 마지노선으로 삼고 각오를 다졌습니다.

니콜라 사르코지 프랑스 대통령도 고민이 많았을 것입니다. 그는 한국으로 오는 전용기 안에서 외규장각 의궤 문제의 해법을 조율하며 최후로 조정한 공식 의견을 전해왔습니다. 프랑스도 미궁에 빠진 외규장각 의궤 문제가 두 나라 우호 관계의 발목을 붙잡고 있다는 사실을 잘 알고 있었습니다.

2010년 11월 12일 마침내 사르코지 대통령은 '5년 단위로 갱신되는 대여' 형식으로 외규장각 의궤 전부를 한국 측에 일괄 양도한다는 발표를 합니다. 그동안 반환 협상의 대전제가 되어왔던 '교류와 대여'라는 원칙을 내던진 획기적인 결단이었습니다. 우리 정부도 해외에 유출된 수많은 문화재 환수를 추진하는 데 있어 약탈 문화재의 반환이라는 당위가 아니라 대여라는 방식이 우려할 만한 부분이 있다는 점을 알고 있었지만, 일단 외규장각 의궤를 우리 땅에 가져다 놓는 것이 먼저라는 판단을 내렸습니다. 20년 가까이 두 나라를 괴롭혀온 저주가 풀리는 순간이었습니다.

비록 대여의 형식을 빌리기는 했지만, 프랑스에 되돌려줄 필

**한국-프랑스 정부 간
합의문 서명식**
2011년 2월 7일,
프랑스 외무부
회의장에서
외규장각 의궤의
반환 합의가 이루어졌다.

요가 없는 사실상의 영구 대여라는 점에서 한국은 실리를 얻고, 프랑스는 명분을 살린 선택이었다는 시각이 있을 수 있습니다. 그러나 복잡하고 변수가 많은 문화재 반환의 문제는 명분이나 실리라는 고정된 관점보다도 '가능한, 그리고 가장 확실한 방법을 찾는다'는 현실에 대한 열린 태도가 무엇보다 중요할 수 있습니다.

1997년에 처음 업무를 맡아 2011년 협상이 마무리될 때까지 어렵고 복잡했던 외규장각 의궤 반환 협상의 실무를 맡았던 유복렬 외교관은 외규장각 의궤 반환의 결과를 놓고 이렇게 말합니다. "문화재를 해외로 양도할 수 없도록 규정한 프랑스 국내법이라는 도저히 넘을 수 없는 장애물을 우회하여 목적지에 도달하기 위해 택한 차선책이었습니다."

협상이 끝났어도 외규장각 의궤를 모두 한국으로 가져오기 위한 세부적인 실무가 남아 있었습니다. 이관 날짜 정하기부터 시작

외교 협력으로 돌아온 문화재

하여 포장, 예술품 전문 운송 업체 선정, 양국 학예연구사들 간의 교류, 디지털화 작업 완료 후 파일 공유 등등. 외규장각 의궤는 2011년 4월 14일부터 5월 27일까지 네 차례에 걸쳐 비행기에 실려 한국으로 돌아왔습니다. 프랑스 함대가 강화도에서 약탈한 지 145년, 박병선 박사가 프랑스국립도서관에서 찾아낸 지 36년, 프랑스 정부와 우리 정부가 반환 협상을 시작한 지 20년 만이었습니다.

금속활자 인쇄본《직지》와 박병선 박사

외규장각 의궤가 돌아오는 긴 여정은 박병선 박사로부터 시작된다. 그러나 박병선 박사가 이룬 쾌거는 이뿐만이 아니다. 의궤의 행방을 찾아 곳곳을 조사하던 그는 조선 말기 주한프랑스공사관의 통역관으로 활동했던 모리스 쿠랑이 쓴《한국서지》에서 주한프랑스공사 콜랭 드 플랑시의 개인 소장 도서 목록을 발견하고, 이를 단서로 1967년 프랑스국립도서관에서《직지直指》를 찾아낸다. 그리고 마침내《직지》가 1377년에 금속활자로 인쇄된 책으로 1455년 구텐베르크의《42행성서》보다 78년이나 앞선 현존 최고最古 금속활자본임을 밝혀냈다.

《직지》가 금속활자 인쇄본이라는 것을 증명하기 위해 박병선 박사가 들인 각고의 노력은 눈물겨울 정도다. 그는《직지》안에 적혀 있던 '주조鑄造'라는 글자에 집중했다. 금속활자와 다른 활자의 다른 점이 무엇인지 궁금하여 한국의 학자들에게 편지를 보냈으나 명쾌한 답을 들을 수 없었고, 동양사학, 역사학, 종교학, 민속학, 교육학 등 다방면으로 학문을 쌓은 그였지만, 서지학 비전공자라는 핀잔까지 들었다. 갖가지 재료들로 활자를 직접 만들어 굽다 과열된 오븐에 불이 붙어 건물에서 쫓겨날 위기도 겪었다. 경제적 어려움도 있었지만 그의 학구열을 꺾지는 못했다.

《직지》는 고려 말의 고승인 백운화상白雲和尙, 1299~1374이 부처와 여러 스님들의 글 가운데 수행의 핵심이 되는 중요한 내용을 뽑아 펴낸 책으로, '직지심체요절直指心體要節'이라고 부르기도 한다. 정확한 제목은 '백운화상초록불조직지심체요절白雲和尙抄錄佛祖直指心體要節'이고 표지에는 '직지直指'라고 쓰여 있다. 금속활자본과 목활자본이 존재하는데, 금속활자본《직지》는 백운화상이 세상을 떠나고 3년 뒤인 1377년에 백운화상의 제자들이 제작했다고 전한다. 상하上下 두 권으로 나뉘어 있으며 하권 마지막 장에 1377년 7월 청주 흥덕사에서 금속활자로 인쇄했다고 적혀 있다. 금속활자본《직지》는 현재 프랑스국립도서관이 소장한 하권 한 부만 남아 있다. 2001년에는 유네스코 세계기록유산으로 등재되었다.

《직지》는 1900년대 초 주한프랑스공사가 지방 시찰을 갔다가 우연히 구입한

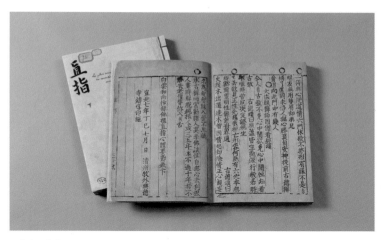

《직지》 영인본

24.6×17.1cm, 청주고인쇄박물관 소장.
고려 1377년에 인쇄된《직지》는 프랑스국립도서관이 소장하고 있어, 원본을 사진 촬영해 한지에
인쇄하여 복제한 영인본을 만들었다.

것으로, 고서 수집가인 앙리 베베르의 손에 넘어갔다가 프랑스국립도서관에 기증되어 지금까지 프랑스국립도서관이 소장하고 있다. 정당한 통로를 통해 매매되어 해외로 반출된 물품이라는 이유로 아쉽게도 한국에 돌아오지 못하고 있다.

《직지》를 찾아 세계에서 가장 오래된 금속활자본임을 고증해낸 이후 마침내 프랑스군이 약탈해간 외규장각 도서도 찾아냈지만, 박병선 박사는 이 일로 도서관으로부터 해고당한다. 도서관의 주요 정보를 외부에 알렸다는 이유였다. 박병선 박사는 도서관 내 불편한 시선에도 불구하고, 일반 이용객으로 10년 동안 도서관을 드나들며 의궤의 내용을 정리하고 연구해 결국 세상에 드러냈다. 그에게 붙여진 별명은 '파란 책 속에 묻혀 있는 여성'이었다.

박병선 여사는 일생을 한국 고서와 그 가치를 밝히는 일에 매진했다. 암 투병을 하면서도《1866 병인년, 프랑스가 조선을 침노하다》1, 2권을 집필하는 등 연구와 집필을 멈추지 않았다.《직지》의 가치를 증명해 세계의 역사를 새로 쓰게 하고, 외규장각 도서 반환의 기틀을 마련해준 박병선 박사는 2011년 11월 22일 프랑스 파리에서 별세하였다. 유해는 국립서울현충원에 안장되었다.

14

외교 협력으로 돌아온 문화재

한일협정 이후,
문화재 반환의 새 장을 열다

일본 궁내청 보관 한국 도서 1205책

메이지유신 이후 일본의 초대 총리대신이자 5대, 7대, 10대까지 총리대신을 네 차례나 지낸 이토 히로부미[伊藤博文, 1841~1909]는 근대 일본을 대표하는 정치가이자 외교관입니다. 조슈[長州] 번에서 가난한 농민의 아들로 태어난 이토는 메이지유신의 주요 인물들과 함께 공부하며 출세의 기회를 얻었습니다. 1863년 영국 유학에서 익힌 영어 실력으로 외교 부문에서 탁월한 능력을 발휘했으며, 유럽에 다녀온 경험을 바탕으로 헌법을 입안하고 의회를 개설하는 등 국내 정치 부문에서도 활약이 컸습니다. 1905년에는 대한제국에 특명전권대사로 파견되어 을사늑약을 강제해 대한제국의 외교권을 빼앗고 초대 조선 통감으로 부임합니다.

이토 히로부미는 일본의 입장에선 유능한 정치가이자 외교관일지 모릅니다. 심지어는 일본 지폐에 인쇄된 주요 인물입니다. 하지만 일본을 제외한 아시아권에서는 철저히 약육강식의 논리를 따른 제국주의자이자 패권을 위해 타국의 주권을 빼앗은 침략자입니다.

돌아온 일본 궁내청 보관 한국 도서들

일본 궁내청 보관 한국 도서의 반환은 한일협정 이후 최대 규모의 정부 간 문화재 반환이었다.

일본 궁내청 보관 한국 도서 1205책

안중근, 일본의 심장부를 쏘다

1909년 10월 26일 오전 9시 이토 히로부미는 만주 시찰을 명목으로 러시아 측 인사를 만나기 위해 중국 하얼빈역에 내립니다. 군악대의 연주가 요란스레 울려 퍼지는 사이 여섯 발의 총성이 날카롭게 울리고, 이토 히로부미의 가슴과 배에 세 발의 총알이 박힙니다. 이토는 열차로 옮겨져 응급처치를 받았지만 끝내 사망합니다.

그에게 총을 쏜 이는 조선의 독립운동가 안중근安重根, 1879~1910 입니다. 러일전쟁 이후 연해주에서 무장 독립운동에 투신하고 있던 차에 을사늑약의 장본인인 이토가 만주에 온다는 소식을 듣고 의거를 감행한 것입니다. 현장에서 체포된 안중근은 의연하게 주장합니다. "이토를 죽인 일은 개인의 원한에 의한 것이 아니다. 의병 전쟁 중에 일어난 일이니 범인이 아닌 포로로 대우해달라." "하얼빈역에서 일어난 사건은 전쟁 중 적을 사살한 일이므로 이 일이 성공했다 하여 자결할 뜻은 없다." 안중근은 재판 과정에서 동양의 평화를 망가뜨린 이토의 죄상을 조목조목 따지며 단죄했습니다.

한국의 황후를 시해한 죄, 고종 황제를 폐위한 죄, 을사늑약과 정미7조약을 강제로 맺은 죄, 무고한 한국인을 학살한 죄, 정권을 강제로 빼앗은 죄, 철도·광산·산림·천택을 강제로 빼앗은 죄, 일본의 제일은행권 지폐를 강제로 사용한 죄강제로 사용하여 경제를 혼란에 빠뜨린 죄, 한국 군대를 해산한 죄, 민족 교육을 방해한 죄, 한국인들의 외국 유학을 금지시키고 한국을 식민지로 만든 죄, 한국사를 없애고 교과서를 모두 빼앗아 불태워버린 죄, 한국인이 일본인의 보호를 받

외교 협력으로 돌아온 문화재

고자 한다고 세계에 거짓말을 퍼뜨린 죄, 현재 한국과 일본 사이에 살육이 끊이지 않고 있는데 한국이 아무 탈 없이 편안한 것처럼 위로 천황을 속인 죄, 대륙을 침략하여 동양의 평화를 깨뜨린 죄, 일본 천황의 아버지를 죽인 죄.

이토 히로부미가 가져간 도서

이토 히로부미가 규장각 도서를 일본으로 반출해갔다는 사실이 처음 밝혀진 것은 1965년입니다. 서울대학교 중앙도서관의 백린 열람과장이 조선총독부 취조국이 1911년 4월 작성한 서류철 하나를 발견한 게 시초였습니다. 이 서류철은 총독부의 규장각장서 접수 관련 내용을 담고 있었습니다. 다음은 일본의 궁내성^{일왕과 왕실에 관련된 일을 맡아보는 국가 행정 기관. 지금의 궁내청} 대신 와타나베 치아키가 조선총

일본 궁내청 보관 한국 도서 1205책

독 데라우치 마사타케에게 보낸 공문입니다.

이토 히로부미가 한일 관계 사항의 조사를 목적으로 일본에 가져온 조선의 서적들이 있는 바, 이토가 죽은 후로 그 책들은 궁내성 도서료圖書寮에 보관되고 있음. 이는 일본 황족 및 공족公族의 실록 편수에 참고로 필요하며, 또 이 조선 책들은 일본의 제실도서관에도 없는 것들이니 아주 양도되기를 원함.

이 공문에는 이토 히로부미가 일본으로 가져간 책의 목록도 함께 실려 있었습니다. 정치, 역사, 인물 등 다방면에 걸친 책과 문집들, 읍지 등이었는데 모두 33종 563책이었지요.

이후 1972년 《서울신문》에 이구열1932~2020 기자가 '문화재 비화' 시리즈를 연재하면서 이 사실을 자세히 언급하였고, 1998년 연합통신지금의 연합뉴스도 보도한 적이 있으나 번번이 큰 이슈가 되지는 못했습니다.

2002년에는 당시 규장각지금의 규장각한국학연구원에서 학예연구관으로 있던 서울대학교 국사학과 이상찬 교수가 백린 과장의 발견 이후 추가로 총독부 공문서와 정보를 찾아내어 논문을 발표합니다. 궁내성 공문을 받은 총독부가 "이토가 가져간 77종 1028책 중 24종 200책은 양도할 수 있지만 53종 828책은 내어줄 수 없다"고 통보한 공문과 "한 권도 돌아오지 못했던 것으로 알려져 있었지만 1965년 한일협정을 통한 문화재 반환으로 1966년 11종 90책이 돌아왔다"는 내용이었습니다. 이토가 가져간 77종 1028책 중 11종 90책이 돌

외교 협력으로 돌아온 문화재

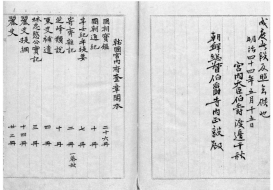

도서 관계 서류철

1911년, 서울대학교 규장각한국학연구원 소장.
조선총독부와 일본 궁내성이 도서 대출 및 보관과 관련하여 주고받은 문서를 모아 엮은 서류철이다.

아왔으니 궁내청 도서관에 남은 것은 66종 938책인 셈입니다.

이토 히로부미가 조선왕조의 왕실 도서관이자 학술과 정책 연구기관이었던 규장각에서 언제 어떤 방법으로 도서들을 반출해 갔는지는 정확하지 않습니다. 한일의정서가 체결된 직후인 1904년이나 이듬해인 1905년 을사늑약 때일지도 모르고, 통감으로 재임하고 있던 1906년부터 1909년 사이일 수도 있습니다.

이들 자료에 의하면 1910년 경술국치 직후 일본 궁내성 대신과 조선총독 데라우치가, 그러니까 침략자인 저들끼리 행정 절차를 거쳐 이토 히로부미가 일본으로 반출한 조선의 서적들을 일본 정부에 공식 양도하고, 도쿄의 궁내청 도서관이 이를 소장하고 있었던 것입니다.

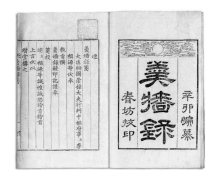
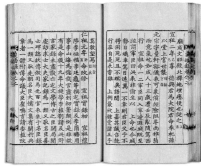

《갱장록》

조선 1831년, 활자본, 35.2×22.7cm, 국립고궁박물관 소장.
정조의 명으로 이복원 등이 편찬한 책으로 태조부터 영조까지 선왕들의 업적을 기록하였다.

일본 최고의 상징 궁내청 도서라 더 뜻 깊어

한일강제병합 100년이 되는 해인 2010년, 일본의 간 나오토 총리
가 8월 10일 중대 발표를 하였습니다.

> 일본이 통치하던 기간에 조선총독부를 경유해 반출돼 일본 정부
> 가 보관하고 있는 조선왕조의궤 등 한반도에서 유래한 도서와 문
> 화재를 한국 국민의 기대에 부응하여 가까운 시일에 인도하고자
> 합니다.
>
> — 한일강제병합 100년 담화 중에서

11월 14일에는 일본 요코하마에서 열린 제18차 아시아태평
양경제협력체APEC 정상 회의에서 이명박 대통령과 간 나오토 일본

《홍재전서》

조선 1814년, 활자본, 각 34.7×21.1cm, 국립고궁박물관 소장.
정조의 시문집이다. 정조는 할아버지인 영조의 시문집을 편찬한 전례에 따라 생전에 자신의 시문집도
편찬하였는데, 궁내청에 있던 책은 정조 사후 간행된 활자본이다.

총리가 '도서에 관한 대한민국 정부와 일본국 정부 간의 협정', 일명 한일도서협정을 체결합니다. 2006년부터 민간단체인 '조선왕실의궤환수위원회'가 환수 활동을 시작하고, 2009년에는 외교통상부와 문화재청 등 관련 부처가 서로 긴밀히 협력하여 일본 궁내청이 소장하고 있던 한국 도서 반환 문제를 검토해오던 차였습니다. 국회도 두 차례에 걸쳐 조선왕조의궤 반환을 촉구하는 결의안을 채택하며 이뤄낸 결실이었습니다.

일본 궁내청 보관 한국 도서 1205책

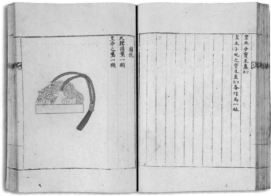

─────
《고종대례의궤》

1897년, 44×32cm, 국립고궁박물관 소장.
고종의 대한제국 선포와 관련된 여러 행사와 작업들을 기록한 의궤이다.

　　2010년 한일도서협정으로 2011년 12월 돌아온 일본 궁내청
보관 한국 도서는 다음과 같습니다.

　　　　· 조선왕조의궤 81종 167책
　　　　· 이토 히로부미 반출 규장각 도서 66종 938책
　　　　·《증보문헌비고增補文獻備考》2종 99책
　　　　·《대전회통大典會通》1종 1책

　　이렇게 총 150종 1205책입니다. 여기에는 2011년 10월 노다
요시히코 총리가 방한할 때 가지고 온 3종 5책도 포함되어 있습
니다.

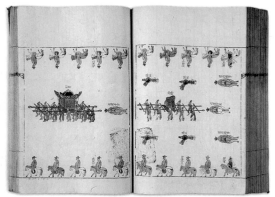

《고종명성황후가례도감의궤》

조선 1866년, 46.0×31.8cm, 국립고궁박물관 소장.
1866년 고종이 명성황후를 왕비로 맞이한 일을 기록한 의궤로 간택부터 가례의 모든 과정을 전부 기록하였다.

　　'의궤儀軌'는 조선시대 왕실에서 치른 각종 행사와 공사 등을 그림과 함께 기록한 국가 공식행사 보고서로 동서고금을 통해 유일한 문화유산입니다. 조선왕조가 얼마나 치밀하게 역사를 기록했는지를 보여주는 귀중한 기록물로, 유네스코 세계기록유산으로 등재되어 있지요. 조선은 의궤를 규장각과 지방 사고에 분산하여 관리하는 체제를 오랫동안 유지해왔는데, 이를 조선총독부가 모두 서울로 모아들였고, 이 중 일부 의궤를 총독부가 기증하는 형식으로 일본에 강제 반출하였던 것입니다. 2011년에 돌아온 조선왕조의궤의 대부분은 1922년 조선총독부가 본국에 기증한 80종 163책입니다. 여기에 궁내청이 자체 구입한 《무신진찬의궤戊申進饌儀軌》 1종 4책이 포함돼, 돌아온 궁내청 보관 조선왕조의궤는 총

81종 167책입니다.

돌아온 의궤 가운데 눈에 띄는 것은 1866년 고종과 명성황후의 혼례를 기록한 《고종명성황후가례도감의궤高宗明成皇后嘉禮都監儀軌》, 1897년 대한제국 선포와 관련된 여러 행사와 작업들을 기록한 《고종대례의궤高宗大禮儀軌》 등입니다. 황제 즉위식과 황후·황태자 책봉, 각종 의장물과 어책·어보 제작 등에 관한 기록이 자세히 실려 있지요. 1897년 11월에 치러진 명성황후의 장례식 과정을 꼼꼼히 기록한 《명성황후국장도감의궤明成皇后國葬都監儀軌》, 1901년 9월 순빈 엄씨를 순비로 책봉하는 과정을 기록한 《순비책봉의궤淳妃冊封錢軌》, 1903년 고종의 순비 엄씨를 황귀비로 봉하는 의식을 기록한 《진봉황귀비의궤進封皇貴妃儀軌》 등도 있습니다.

이번 의궤 환수로 현존하는 대부분의 조선왕조의궤가 이제는 국내에 집결하게 되었다고 할 수 있습니다. 병인양요 때 프랑스군이 약탈해간 외규장각 도서도 2011년에 돌아왔으니까요.

이토 히로부미가 반출한 규장각 도서 66종 938책 중 《무신사적戊申事績》,《을사정난기乙巳定難記》,《갑오군정실기甲午軍政實記》등 6종 28책은 국내에 없는 유일본입니다.《영남인물고嶺南人物考》,《여사제강麗史提綱》,《동문고략同文考略》등 7종 180책도 국내에 있는 도서와 판본이 다르거나 일부만 남은 것이어서 가치가 큽니다. 그러나 이토 히로부미 반출 도서의 반환 의미는 도서가 귀중본이냐 아니냐에 달린 것이 아닐 것입니다. 책이 있어야 할 곳에 돌아왔다는 것이 중요합니다. 그 밖에 반환된 도서로는 충무공 이순신의 시문집인《이충무공전서李忠武公全書》가 있습니다.

《증보문헌비고增補文獻備考》는《동국문헌비고東國文獻備考》를 보강하여 우리나라의 역대 문물제도를 정리한 백과사전이고,《대전회통大典會通》은 1865년 편찬된 조선시대 마지막 법전입니다.

2010년 한일도서협정으로 일본 궁내청이 보관하고 있던 한국도서 150종 1205책이 돌아온 일은 1965년 한일협정으로 총 1432점의 문화재가 돌아온 이래, 한국과 일본 두 나라 사이에 이루어진 최대 규모의 문화재 반환 사례라는 점에서 무척 소중한 성과입니다. 규모보다도 더 반가운 것은 한일협정 이후 정부 차원에서 이룬 사례라는 점입니다. 1965년 한일협정 이후 정부가 주도하는 문화재 반환 운동은 정체 상태에 빠져 있었는데, 이를 돌파할 새 가능성을 열었다는 데 큰 의의를 찾을 수 있습니다. 한국과 일본 두 나라뿐만 아니라 국제 사회에서도 정부 간 협상으로 문화재가 반환되는 경우는 극히 드뭅니다. 특히 일제강점으로 얼룩진 한국과 일본 두 나라의 관계 회복에 이와 같은 협상과 교류가 도움이 되리라 기대해봅니다.

15

돌아왔으니,
더 큰 역사가 되다

조선왕조 인장(대한제국 국새) 일괄

518년간 27명의 국왕이 집권했던 조선왕조^{1392~1897}와 대한제국^{1897~1910}은 왕실과 나라 운영을 위해 수많은 인장을 제작해 사용했습니다. 왕과 왕비 등 왕실 구성원들을 위해 만든 의례용 '어보^{御寶}'와 국가 공문서에 찍는 실무용 인장인 '국새^{國璽}'가 대표적입니다.

이들 인장은 군주인 왕과 왕실, 나라의 권위를 상징하는 만큼 엄격한 법식에 따라 제작되고 관리되어왔습니다만, 일제강점기와 해방, 한국전쟁 등 혼란의 시기를 거치며 도난, 분실, 약탈되어 국외로 반출되는 피해를 입었습니다. 특히 1950년대 전쟁과 피난 와중에 미군에 의해 불법 반출된 경우가 적지 않았습니다. 이들 인장이 갖는 정치·문화적 의미는 차치하고라도 당대 최고 장인의 기술력과 조형미를 갖춘 예술품인 데다가 운반하기 쉬운 형태와 크기였기에 그 피해가 더 컸을 것입니다.

다행히도 불법 유출되었던 조선왕조 인장들이 근래에 잇달아 돌아오는 경사가 있어 주목을 끕니다. 도난 및 약탈 등에 의한 문화재의 불법 유통 금지에 국제적인 공감대가 형성되는 추세이고,

미국에서 돌아온 조선왕조 인장 9과

한국전쟁 중 미군에 의해 불법 반출되었다가 2014년 한미정상회담을 통해 반환되었다. 왼쪽 위부터
시계방향으로 유서지보, 수강태황제보, 황제지보, 준명지보, 연향, 춘화, 향천심정서화지기, 쌍리,
우천하사이다. 국립고궁박물관 소장.

조선왕조 인장(대한제국 국새) 일괄

특히 한국과 미국의 경우 두 나라의 우의 속에 수사 공조를 강화하며 이루어내는 성과로 여겨지고 있습니다. 2017년 '조선 왕실 어보와 어책'이 유네스코 세계기록유산 목록에 등재되면서 조선왕조 인장 문화재의 독보적인 위상과 가치가 더 널리 알려진 것도 큰 힘이 되었습니다. 이와 같이 문화재 환수의 우호적인 분위기 속에 더 많은 조선왕조 인장들이 제자리를 찾아 돌아올 수 있기를 기대해 봅니다.

왕실 의례에는 어보, 나랏일에는 국새

의례용 어보는 왕, 왕비, 왕세자, 왕세자빈 등을 해당 지위에 임명하거나 왕실 가족의 덕과 업적을 기릴 때 올리는 칭호존호, 시호, 휘호, 묘호 등를 새겨 만듭니다. 이렇게 제작한 어보는 그 주인공이 세상을 떠난 뒤 어책御冊, 교명敎命과 함께 종묘의 신실에 영구히 보관되었습니다. 왕과 왕비가 살아 있을 때에는 왕실의 권위를 높이고, 죽은 뒤에는 그 권위의 신성함을 영원히 보장하는 의미를 갖습니다.

실무용 국새는 외교나 행정 등 국가 실무 공문서에 찍는 인장입니다. '옥으로 만든 도장'이란 뜻의 옥새玉璽라고도 불렸습니다만, 최근에는 '국새'로 용어가 정리되고 있습니다. 고대 중국에서는 천자만이 옥을 사용한 '새璽'를 사용할 수 있었고, 제후는 금으로 만든 '인印'을 사용했습니다. '보寶'라는 명칭을 사용하는 것은 '새'의 발음이 사死와 비슷하기 때문입니다.

중국을 사대의 예로 대했던 조선은 명과 청으로부터 금인인

외교 협력으로 돌아온 문화재

대한민국 제5대 국새
2011년 9월 제작한 가로세로 10.4cm의
국새로 손잡이 부분에 봉황 두 마리가
앉아 있고, 봉황 등 위로 무궁화가
활짝 피어 있다. 행정안전부 관리.

'조선국왕지인朝鮮國王之印'을 받아 사용했습니다. 그러나 이는 중국과의 외교용 문서에 날인할 때에만 사용하였고, 내부나 주변국과의 교린 외교 등에는 자체 제작한 국새를 사용했습니다.

19세기 후반 조선왕조는 서구 세력과 접촉하며 주권 국가로서의 입장을 다시 정립해야 할 상황을 맞았습니다. 1882년 서구와 맺는 최초의 근대식 조약인 조미수호통상조약을 체결할 때 주권 국가의 권위를 상징하는 국새를 새로이 제작해 사용하였고, 1897년 대한제국을 선포할 때에도 황제국의 격에 걸맞은 국새를 제작했습니다. 자주독립국으로서의 지위를 세계만방에 당당히 선언하는 의미가 컸기 때문입니다.

그렇다고 왕조나 황제국만 국새를 사용하는 것은 아닙니다. 대한민국도 건국 후 국가 상징물로 국새를 제작해 사용하고 있습니다. 대한민국 국새는 모두 5차례 제작했으며, 현재 사용하는 제5대 국새는 가로세로 10.4센티미터 정사각형 모양의 금인으로, 봉황 두 마리가 앉아 있는 모양으로 손잡이 부분이 장식되어 있습니다. 봉황 위로는 무궁화가 활짝 피어 있고요.

　국새와 어보는 크기와 형태가 비슷합니다. 대부분 가로세로 10센티미터 내외의 크기로, 사각의 인장과 거북 혹은 용으로 장식된 손잡이, 그리고 긴 술이 달려 있습니다. 그러나 국새 인장에 새겨지는 글자 수는 4자 정도인 반면, 각종 존호, 시호, 휘호, 묘호가 덧붙여지는 어보의 경우 글자 수가 훨씬 많습니다.

　어보는 주인의 신분에 따라 재료와 명칭이 달랐는데, 왕과 왕비에게는 금보와 옥보, 왕세자 이하에는 금인, 옥인, 은인, 백철인 등이 주어졌습니다. 한 왕과 왕비가 평생에 걸쳐 받는 어보의 수량은 정해져 있지 않았으며, 재료·크기·장식·글씨체 등도 다양하여 당대의 정치·경제·사회·문화·예술 등의 시대상을 드러냅니다. 인류문화사로 볼 때 이렇게 장기간 독특한 문화 양상을 유지한 기록유산은 드뭅니다. 유네스코도 이러한 점을 높이 평가하여 '조선 왕실 어보와 어책'을 세계기록유산 목록에 등재했습니다.

조선왕조 인장들, 속속 돌아오기 시작하다

해외로 반출된 조선왕조의 인장이 처음 한국으로 돌아온 때는 1946년입니다. 1911년 이왕직일제강점기에 조선 왕실의 일을 맡아보던 관청 차관 고미야 사보마쓰가 빼돌린 국새 6과와 관인 2과를 미군정을 통해 돌려받은 것인데, 이를 1946년 8월 15일 광복 1주년을 맞아 공개하였지요.

　2014년에는 국새 황제지보皇帝之寶, 유서지보諭書之寶, 준명지보

**1946년
8·15기념식에서
공개된 국새**

일제가 약탈해간
국새를 미군정으로부터
돌려받은 후 독립운동가
오세창이 연설을 하고
있다. 단상에는 되찾은
국새들이 놓여 있다.

濬明之寶 등 3과와 고종 어보인 수강태황제보壽康太皇帝寶 1과를 포함한 조선왕조 인장 9과가 미국으로부터 돌아옵니다. 이들 인장은 한국전쟁 중 덕수궁에서 미군 해병대 장교에 의해 불법 반출된 후 그 후손이 보관해왔는데, 후손이 골동품 가게에 인장의 가격을 알아본 것이 미국 국토안보수사국HSI에 포착되었습니다. 미 국토안보수사국은 2013년 "한국전쟁 참전 해병대 장교의 사위가 고인이 된 장인의 유품을 처분하려 한다. 이 도장들이 도난품인지 알아봐달라"며 문화재청에 문의합니다. 국새와 어보는 그 성격상 누구도 함부로 제작할 수도, 관리할 수도 없는 한 나라의 문화재입니다. 그러니 개인 소지 자체가 불법일 수밖에 없습니다. 문화재청은 답합니다. "당신이 보낸 것은 우리의 역사입니다." 문화재청으로부터 확인을 받은 미 국토안보수사국은 곧장 황제지보 등 조선왕조

조선왕조 인장(대한제국 국새) 일괄

황제지보

1897년, 옥, 9.2×9.4cm,
국립고궁박물관 소장, 보물.
1897년 고종 황제가
대한제국을 선포하면서 만든
국새로 고위 관리를 임명하는
문서에 사용하였다.

유서지보

조선 1876년, 금속·동합금제,
10×10cm,
국립고궁박물관 소장, 보물.
조선시대에 관찰사, 절도사
등에게 내리는 명령서인
유서에 사용하였다.

준명지보

조선 1889년, 옥, 8.8×8.8cm,
국립고궁박물관 소장, 보물.
1889년부터 왕세자 교육을
담당하는 세자시강원의 관리를
임명할 때 사용하였다.

수강태황제보

1907년, 옥, 11.6×11.6cm,
국립고궁박물관 소장,
유네스코 세계기록유산.
순종 황제가 고종 황제에게
존호를 올리면서 제작한
어보로, 팔각의 측면에 주역의
팔괘를 새긴 것이 독특하다.

인장 9과를 전격 압수했습니다.

　미국 측은 처벌 여부와 별개로 도난 물품을 몰수하고, 매장 문화유산의 무단 반출에 '도난'의 법리를 적용해 강력하게 제재하고 있습니다. 미국 국토안보수사국과 문화재청이 긴밀히 소통하여 빠른 시일 안에 환수 문제를 해결해낼 수 있었습니다. 그리고 2014년 한미정상회담을 위해 한국을 방문한 버락 오바마 미국 대통령이 이들 조선왕조 인장 9과를 가져와 반환합니다.

　돌아온 황제지보는 고종이 1897년 대한제국을 선포하며 제작한 국새 중 하나로, 고위 관리를 임명할 때 황제가 직접 내려주는 공문서에 사용되었습니다. 황실 공예의 정수를 보여주는 예술품으로서 손색이 없을 뿐만 아니라 제작 연대와 전해진 경로가 분명한 환수 문화재로 그 의미가 커서 2017년 보물로 지정되었습니다.

　유서지보는 관찰사, 절도사 등에 내리는 명령서인 유서諭書에 날인하던 국새로 1876년 제작되었고, 준명지보는 왕세자 교육을 담당한 세자시강원의 관리를 임명하는 문서에 사용된 국새로 1889년부터 사용되었습니다. 황제지보와 유서지보는 당시 최고의 장인인 전홍길이 제작하였습니다. 유서지보와 준명지보도 보물로 일괄 지정되었습니다.

비밀 국새의 정체

대한제국 선포와 함께 공식적으로 제작된 국새 외에도 비밀리에 제작된 국새가 있습니다. 황제어새皇帝御璽입니다. 황제어새는

조선왕조 인장(대한제국 국새) 일괄

황제어새

1897~1910년 추정, 금속·나무, 6.6×5.2cm, 국립고궁박물관 소장, 보물.
일본을 견제하고 대한제국의 지지를 요청하기 위한 비밀 외교 문서에 사용하였다.

1897년에서 1910년 사이에 제작된 것으로 추정됩니다. 대한제국 선포 당시 제작된 인장은 모두 《보인부신총수寶印符信總數》에 기록되어 있는데, 황제어새는 이 책에 수록되어 있지 않고 일반적 크기에 비해 크기도 작아 진위 여부가 논란이 되기도 했습니다만, 이 인장이 찍힌 비밀 외교 문서들이 다수 확인되면서 국새로 인정되었습니다.

황제어새는 나라의 안위가 풍전등화에 놓인 상황에서 고종이 비밀리에 외국으로 친서를 보낼 때 사용했으리라 추정됩니다. 황제어새 보관함에는 인주함도 함께 들어 있습니다. 고종이 일본으

외교 협력으로 돌아온 문화재

로부터 나라를 지키기 위해 주권 수호 운동을 비밀리에 펼친 역사를 증명하는 유물이라는 점에서 의의가 큽니다. 재미동포가 소장하고 있던 것을 2009년 국립고궁박물관이 구입했습니다. 황제어새 역시 미국으로부터 돌아왔습니다.

돌아온 덕종 어보, 곡절도 많았다

매입은 환수의 중요한 경로입니다만, 문화재 환수에 있어 가장 아름다운 모습은 기증입니다. 2015년에는 미국 시애틀미술관이 덕종 어보를 기증했습니다. 덕종 어보는 성종이 세자 신분으로 죽은 아버지 의경세자^{추존왕 덕종}에게 '온문의경왕^{溫文懿敬王}'이라는 존호를 올리면서 만든 금보입니다. 한국전쟁 때 미국으로 반출되었으며, 미국인 수집가 토머스 스팀슨 씨가 1962년 구입하여 시애틀미술관에 기증했다고 합니다.

조선왕조 인장(대한제국 국새) 일괄

덕종 어보는 1471년 성종 때 처음 제작되었는데, 돌아온 덕종 어보는 1924년 재제작된 어보입니다. 덕종 어보가 재제작된 것은 당시 종묘 영녕전 신실에 도둑이 들었기 때문입니다. 종묘 유물 도난으로 큰 소동이 일었지만 끝내 도난범과 사라진 어보를 찾지 못해 다시 제작했습니다. 한 왕조의 권위가 상실된 시대상을 여실히 반영한 사건이 아닐 수 없습니다. 덕종 어보는 도난 후 그 중요성으로 다시 제작되었으나, 한국전쟁 때 미국으로 불법 반출되는 수난을 거푸 겪습니다. 수난의 역사를 그대로 보여주는 덕종 어보를 다시 찾은 의미가 작지 않습니다. 종묘에서 도난당한 덕종 어보 1471년 제작도 만날 날이 있으리라 기대해봅니다. 돌아온 덕종 어보는 기존 금보와 달리 동에 금도금한 인장입니다.

문정왕후 어보

조선 1554년, 금속,
10.8×10.8cm,
국립고궁박물관 소장.
1547년 중종의 계비
문정왕후에게 존호를 올리며
만든 어보로, 1553년 화재로
소실되자 이듬해 다시 만든
것으로 추정된다.

한미 수사 공조의 뚜렷한 성과

매입과 기증의 방식 외에 조선왕조 인장이 돌아온 또 하나 중요한
경로는 한미 간의 긴밀한 수사 공조입니다. 2014년 한미 수사 공
조에 힘입어 국새 황제지보, 유서지보, 준명지보가 빠르게 돌아온
것을 계기로 문화재청은 2014년 미국 국토안보부DHS 산하 이민관
세청ICE과 '한미 문화재 환수 협력 양해각서MOU'를 체결합니다. 문
화재 수사의 효율성을 위해 신속하고도 지속가능한 공조가 필요하
다는 것을 절실히 경험했기 때문이지요. 불법 거래를 용인하는 행
위가 한미 두 나라의 우의와 문화 교류에 부정적인 영향을 끼친다
는 점에도 이견이 없었습니다. 문화재 환수 문제 해결을 위해 새로
운 전기를 마련한 셈입니다. 한미 두 나라가 교류해온 문화와 역사
에 대한 상호 이해와 존중이 선행되었기에 가능한 일이 아니었을
까요?

　　2017년에 돌아온 문정왕후 어보와 현종 어보는 양해각서 체
결 후의 첫 결실입니다. 문정왕후 어보와 현종 어보가 발견된 곳은

2000년 미국 LA카운티미술관^{LACMA}이었습니다. 국립문화재연구원이 박물관의 한국 소장품을 조사하는 과정에서 두 어보를 발견하였고, 이후 문화재청의 요청에 따라 미국 이민관세청 산하 국토안보수사국이 적극 공조하여 신속히 돌려받을 수 있었습니다. 문정왕후 어보와 현종 어보는 2017년 한미정상회담을 위해 미국을 방문한 문재인 대통령이 가지고 귀국했습니다.

문정왕후 어보는 1547년 조선 11대 왕 중종의 계비인 문정왕후를 왕대비에서 대왕대비로 봉하는 것을 기념하기 위해 '성열聖烈'이라는 존호를 올리면서 만든 금보이고, 현종 어보는 1651년 현종을 왕세자로 책봉하면서 제작한 옥인입니다. 《현종왕세자책례도감의궤》에 이 옥인에 대한 기록이 나옵니다. 현종을 왕세자로 책봉할 때 죽책竹冊, 교명, 어보를 함께 만들었는데, 현종 어보를 되찾으면서 국립고궁박물관이 소장하고 있던 죽책, 교명에 어보까지 더해져 모두 한자리에 모일 수 있게 되었지요.

'대군주보'에 새긴 낙서, 생채기까지도 역사

2019년에는 국새 대군주보大君主寶와 효종 어보가 미국에서 돌아옵니다. 두 유물은 1990년대에 재미 교포 이대수 씨가 구입해 소장하고 있던 것으로, 조선왕조 인장이 대한민국의 소중한 문화재임을 깨닫게 되어 기증을 결심했다고 합니다.

대군주보는 1882년에 제작되어 1897년까지 사용된 국새입니다. 1882년은 조선이 서양 국가와 최초의 근대적 조약인 조미수호

───
대군주보(왼쪽)와 효종 어보
(왼쪽) 조선 1882년, 금속, 9.5×9.5cm, 국립고궁박물관 소장, 보물.
(오른쪽) 조선 1740년, 금속, 10.1×9.9cm, 국립고궁박물관 소장.
대군주보는 사대주의를 청산하고 자주 국가를 천명하며 만든 국새이다. 효종 어보는 1740년 영조가
효종에게 존호를 올릴 때 제작한 어보이다.

통상조약을 체결한 해입니다. 조선은 이전까지는 명과 청으로부터 받은 '조선국왕지인'이라 새겨진 국새를 사용했지만, 고종의 명으로 대조선국의 '대군주국왕'라는 의미를 담아 대군주보를 만들었습니다. 그 후 1897년 대한제국 선포에 맞춰 새 국새를 제작함으로써 대군주보는 더 이상 사용되지 않았습니다.

───
환수된 대군주보 뒷면에
'W B. Tom'이란 낙서가 새겨져
있다.

대군주보는 대한제국 이전 고종 대에 제작된 국새로는 유일합니다. 또한 최초의 근대적인 조약 체결을 앞두고 제작되어, 중국 중심의 사대적 외교 관계를 청산하고 독립된 주권 국가로의 전환을

조선왕조 인장(대한제국 국새) 일괄

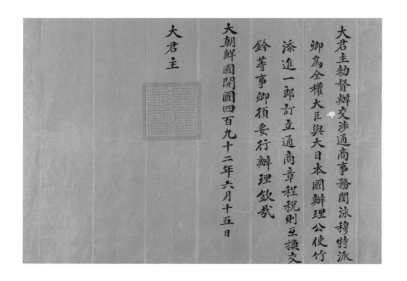

大君主勅督辦交涉通商事務閔泳穆特派
卿爲全權大臣與大日本國辦理公使竹
添進一郎訂立通商章程稅則互換交
鈴等事卿須安行辦理欽哉

大朝鮮國開國四百九十二年六月十五日

大君主

대군주보가 찍힌 전권위임장

조선 1883년, 필사본, 40.6×58.4cm, 서울대학교 규장각한국학연구원 소장.
일본과의 통상장정세칙 체결 및 비준 교환에 대한 국왕의 전권위임장에 대군주보가 찍힌 것을
확인할 수 있다.

선언하는 의미가 있다는 점에서 매우 뜻깊은 유물입니다. 2021년
보물로 지정되었습니다.

한편, 대군주보 몸체에는 생뚱맞게도 'W B. Tom'이라는 영문
이 새겨져 있습니다. 이 인장을 취득했거나 가지고 있었던 미국인
이 자신의 이름을 적어 놓았을 가능성이 큽니다. 주권 국가로 발돋
움하려는 고종의 의지가 담긴 유물이 훼손된 것은 무척 안타까운
일입니다만, 돌아왔기에 생채기가 된 낙서 역시 우리 역사의 일부
가 되었습니다. 문화재가 겪은 수난과 더불어 그 상처를 회복하기
위한 노력들을 다시 새겨봅니다.

효종에게는 승하 직후인 1659년 시호를 받을 때, 1740년 존호尊號를 받을 때, 1900년 존호를 받을 때 제작된 어보가 있었습니다. 돌아온 효종 어보는 1740년 영조가 효종에게 '명의정덕明義正德'이라는 존호를 올릴 때 제작된 것입니다. 1900년에 제작된 어보만 전해오고 있었는데, 1740년에 제작된 어보가 돌아옴에 따라 효종과 관련된 어보는 2과가 되었습니다.

대한제국 국새의 각별한 의미

1897년 제작된 제고지보制誥之寶, 1898년 제작된 칙명지보勅命之寶, 1899년 제작된 대원수보大元帥寶 3과는 황제의 명령을 전하는 문서나 고위 관료의 임명장에 사용하기 위해 제작된 대한제국 국새입니다. 이들이 겪은 수난도 만만치가 않습니다.

이들은 1910년 대한제국을 강제 병합한 일제에 의해 약탈되어 일본 궁내청에 보관되었다가 해방 후 미군정에 의해 환수된 유물 9과 중 일부입니다. 1948년 대한민국 정부 수립 후 정부가 이들을 인계했습니다만, 한국전쟁 때 분실되었다가 전쟁이 끝난 직후인 1954년 경남도청 금고에서 발견되어 국립중앙박물관에 전해오고 있습니다. 제고지보, 칙명지보, 대원수보 국새 3과는 정부 수립 후에 환수된 첫 문화재인 셈입니다. 뛰어난 조형미를 갖춘 예술품이기도 하지만 희소성이 큰 유물이자 전쟁의 혼란기에 그 굴곡을 넘어온 역사의 증거물입니다. 문화재청은 2021년 이들 국새 3과도 보물로 일괄 지정했습니다.

조선왕조 인장(대한제국 국새) 일괄

제고지보

1897년, 금속, 11.1×11.1cm,
국립중앙박물관 소장, 보물.
대한제국 시기에 고위 관료를
임명할 때 사용하였다.

칙명지보

1898년, 금속, 9.2×9.2cm,
국립중앙박물관 소장, 보물.
대한제국 시기에 황제의 명령을
백성에게 알리는 문서에 사용하였다.

대원수보

1899년, 금속, 8.2×8.2cm,
국립중앙박물관 소장, 보물.
대한제국 시기에 군대를 지휘하는
업무에 사용하였다.

　　지금까지 조선과 대한제국에서 제작한 국새는 모두 37과로
알려져 있고, 현재 국내에는 9과가 전합니다. 황제어새부터 대원
수보까지 모두 8과와 성암고서박물관이 소장하고 있는 선사지기
宣賜之記, 국왕이 하사하는 서적에 사용. 대한제국 이전 국새 1과입니다.

　　보물로 일괄 지정된 구한말 시기의 국새는 인계·기증·구입·압수수사 공조 등 방식은 각기 다르지만 '국외 반출'과 '환수'라는 경로를 거쳤다는 공통점이 있습니다. 특히 1882년 조미수호통상조약 체결을 위해 제작된 국새 대군주보에서부터 국새 황제지보, 유서지보, 준명지보 등 조선왕조 인장 9과의 환수를 계기로 체결한 2014년 '한미 문화재 환수 협력 양해각서'에 이르기까지, 한미 두 나라가 조선왕조 인장 문화재와 함께해온 오랜 세월과 인연은 참으로 각별합니다. 우리 곁에 다시 돌아온 인장들은 수난의 역사 속에서도 각자의 소명을 다하고자 했던 한미 두 나라의 진심어린 노고를 잘 보여주고 있습니다.

조선왕조 인장(대한제국 국새) 일괄

16

시민 모금으로 찾아온
첫 사례, 보물이 되다

김시민 선무공신교서

임진왜란이 조선에 남긴 상처는 매우 컸습니다. 1592년부터 1598년까지 7년 동안 전쟁터가 된 산천은 황폐해졌고, 수많은 백성들이 죽거나 끌려갔으며, 소중한 문화유산들이 불타 없어지거나 왜로 실려갔습니다.

전쟁을 일으킨 도요토미 히데요시[豊臣秀吉, 1536~1598]가 전쟁이 한창이던 1593년 11월에 쓴 자필 명령서에는 다음과 같은 내용이 있습니다.

"많은 조선 장인을 잡아오되 세공 기술자, 바느질 잘하는 자, 조선 요리를 잘하는 자를 각별히 뽑아 성내에 거주시켜 각자의 직책에 종사토록 하라."

도요토미 히데요시는 전투 부대 외에 특별한 임무를 수행하는 특수 부대를 보냈습니다. 왜군 특수 부대는 도서부, 공예부, 포로부, 금속부, 보물부, 축부로 구성되었습니다. 이 여섯 개 특수 부대의 임무는 약탈이었습니다. 도서부는 책과 글씨를 약탈하고, 공예부는 공예품과 기술자들을, 포로부는 한의사나 젊은 남녀를 납치

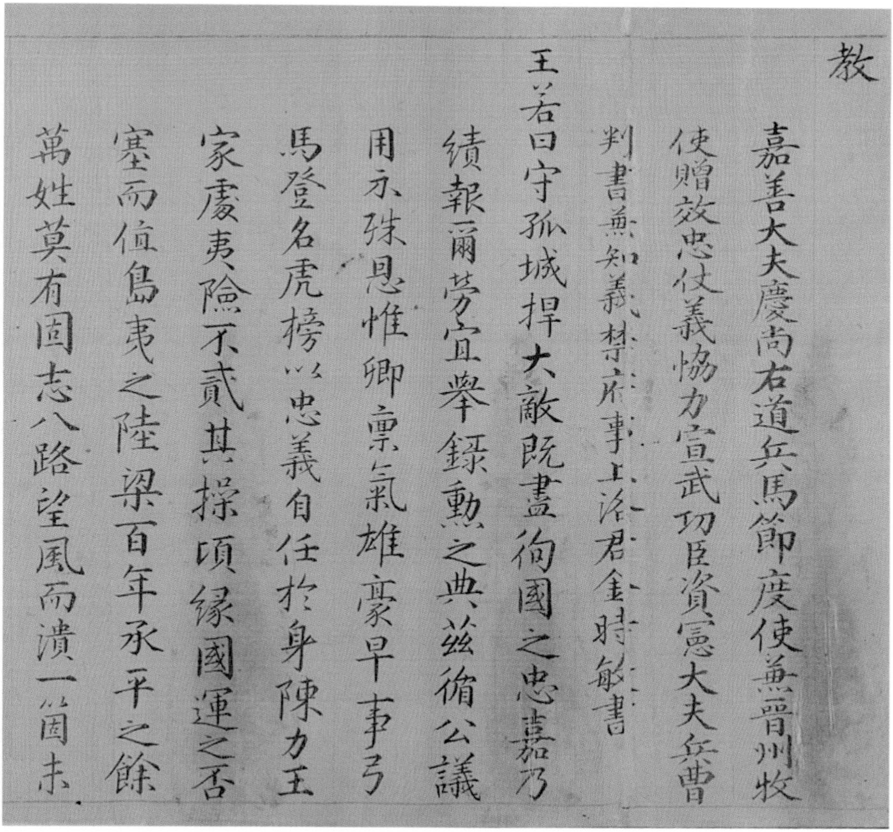

教

嘉善大夫慶尚右道兵馬節度使兼晉州牧
使贈效忠仗義協力宣武功臣資憲大夫兵曹
判書兼知義禁府事上洛君金時敏書
王若曰守孤城捍大敵既盡徇國之忠嘉乃
績報爾芳宜擧錄勳之典茲徇公議
用亦殊恩惟卿禀氣雄豪早事弓
馬登名虎榜以忠義自任於身陳力王
家慶夷險不貳其操頃緣國運之否
塞而値島夷之陸梁百年永平之餘
萬姓莫有固志八路望風而潰一閫末

───
〈김시민 선무공신교서〉(부분)

임진왜란 3대 대첩 중 하나인 진주대첩을 승리로 이끈 김시민 장군을 선무공신으로 책봉하는 문서로,
2006년 시민들의 모금으로 일본에서 되찾아왔다.

김시민 선무공신교서

했으며, 금속부는 병기와 금속예술품을, 보물부는 금은보화와 문화재를 약탈하였고, 축부는 가축의 포획을 맡았습니다. 임진왜란은 조선의 국토를 황폐화시키고 무고한 인명을 살상했을 뿐만 아니라 조선인을 끌어가고 수많은 선진 기술과 문화재를 빼앗아간 명백한 약탈 전쟁이었습니다.

전쟁의 여파로 조선 사회는 몹시 혼란스러웠습니다. 그래도 조선왕조는 논공행상을 잊지 않았습니다. 나라가 위급할 때 목숨을 내걸고 싸운 이들에게 보답하지 않는다면, 나라의 근간이 되는 백성의 신뢰와 충성을 얻을 수 없기 때문입니다. 전란 수습이 마무리되던 1604년 10월, 선조는 임진왜란 때 왕실과 나라를 위해 헌신한 이들의 공적을 기리며 그에 따른 포상을 내립니다.

왕실과 나라에 특별한 공로를 세운 사람을 '공신'이라 부릅니다. 이들 공신에게는 높은 관직을 비롯해 경제적 혜택과 사회적 특권이 주어졌습니다. 뿐만 아니라 이들 공신은 그 시대의 권력이 되었습니다. 공신과 그 자손은 양반이나 관료 중에서도 최상층에 속했으며, 이들에게 부여된 특전은 평범한 양반이나 관료가 결코 누릴 수 없는 것이었지요.

조선의 왕들은 태조 대부터 영조 대에 이르기까지 총 28차례에 걸쳐 공신을 책봉하고 이를 치하했습니다. 예를 들면, 태조는 나라를 세우는 데 공을 세운 이들을 '개국공신開國功臣'으로 책봉했고, 후일 조선의 7대 왕 세조가 되는 수양대군은 김종서와 안평대군 등을 반역으로 몰아 권좌에서 제거하기 위해 계유정난을 일으켰는데, 이때 자신의 편에서 공을 세운 이들을 '정난공신靖難功臣'으

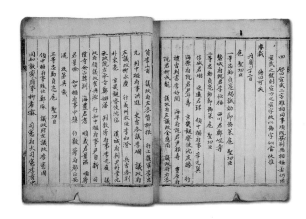

《호성선무청난삼공신도감의궤》
조선 1605년, 40×34cm,
서울대학교 규장각한국학연구원 소장.
1601년부터 1604년까지
호성공신, 선무공신, 청난공신을 정하고
상을 내린 과정을 정리한 의궤이다.

로 책봉합니다. 선조는 임진왜란 당시 의주까지 피란 가는 길을 도
운 신하들을 '호성공신扈聖功臣', 전장에서 공을 세운 이들을 '선무공
신宣武功臣'으로 책봉했습니다.

　　왕이 공신을 책봉할 때에는 문서를 내리는데 이를 '공신교서'
라고 합니다. 오늘날의 훈장 증서나 국가유공자 증서에 해당합니
다. '선무공신교서'는 선조가 전쟁에서 공을 세운 공신들에게 내린
교서입니다. 선무공신교서는 이순신, 권율, 원균, 김시민 등 모두
18명이 받았습니다. 이 중 임진왜란 3대 대첩 가운데 하나인 진주
대첩을 승리로 이끈 김시민 장군이 받은 교서가 〈김시민 선무공신
교서金時敏宣武功臣敎書〉입니다.

김시민 장군, 진주성을 죽음으로 지키다

김시민金時敏, 1544~1592은 25세에 무과에 급제하여 관직에 나섰습니

——

남강 남쪽 기슭에서 바라본 진주성

남쪽으로는 남강이 흐르고, 북쪽은 넓은 해자와 늪으로 막힌 진주성은 임진왜란 당시 난공불락의 요새였다.

다. 1581년에는 부평부사로 근무하던 중 파직되기도 하였고, 훈련원에서 근무할 때는 병조판서에게 건의한 일이 받아들여지지 않아 사직하는 등 많은 곡절도 겪었지만, 임진왜란을 앞둔 1591년 진주판관으로 부임합니다. 다음 해 전쟁이 나자 자리를 비우고 지리산으로 숨은 진주목사 이경을 대신하여 왜군과 맞서 싸웠고, 1592년 8월에는 그 공을 인정받아 진주목사가 됩니다.

　김시민은 진주목사로 부임하자마자 화약과 화기를 만들고 정예병을 뽑아 훈련을 시키는 등 전투에 대비해 만반의 태세를 갖추

었습니다. 노약자와 부녀자에게도 군복을 입혀 성안의 병력이 많아 보이게 하고, 화살을 아껴 쓰도록 꼼꼼히 지시하여 성안 사람들과 군사들의 신뢰를 얻었습니다.

왜군은 진주가 경상우도의 큰 고을로 경상우도의 주력군이 있는 곳일 뿐 아니라 전라도로 가는 길목임을 파악하고 진주성 공격 계획을 세웁니다. 당시 진주성에는 김시민이 이끄는 군사 3700여 명과 곤양군수 이광악李光岳, 1557~1608이 이끄는 100여 명 등 3800여 명의 군사가 있을 뿐이었습니다. 그에 반해 호소카와 다다오키

김시민 선무공신교서

〈김시민 선무공신교서〉

조선 1604년, 비단에 묵서, 38.4×287.0cm, 국립진주박물관 소장, 보물.
일제강점기에 일본으로 반출되었다가 2005년 11월 도쿄 고서화 경매 시장에 나오면서 국내에 그 존재가
알려졌다.

[細川忠興, 1563~1645]가 이끄는 왜군의 병력은 2만여 명에 달했습니다.

1592년 10월 5일, 왜군은 진주성을 포위하고 이튿날부터 총공격을 퍼부었습니다. 왜군은 사흘간 성안으로 총과 활을 쏘아댔지만, 군관민이 합심하여 전투태세를 갖추고 있는 진주성을 함락시키지는 못했습니다. 성안의 군사들은 물론 노약자와 부녀자까지 나서 돌을 던지고 끓는 물을 퍼붓거나 불붙인 짚단을 던지는 등 줄기차게 저항하고 총통 등으로 공격하자 왜군은 한발 물러섭니다. 한편 성 밖에서는 곽재우郭再祐, 1552~1617가 의병 1200여 명을 이끌고 와 배후에서 왜군을 공격하고, 의병장 최경회崔慶會, 1532~1593와 임계영, 정유경 등도 의병 2000여 명을 이끌고 와 적을 견제해주었습니다.

전열을 가다듬은 왜군은 10월 10일 다시 진주성을 향해 총공격을 해옵니다. 왜군은 사다리로 성벽을 기어오르는 동시에 총을

난사하며 성안으로 돌진해왔습니다. 치열한 접전 끝에 조선군은 왜군을 쫓아냈으며, 기세등등했던 왜군은 많은 희생자를 내고 엿새 만에 퇴각합니다.

그러나 승리의 기쁨은 잠시, 김시민은 시체 더미 속에 죽은 척하고 숨어 있던 왜군이 쏜 총에 이마를 맞았습니다. 며칠간 치료하였으나 김시민은 10월 18일 49세의 나이로 세상을 떠납니다. 김시민과 한마음이 되어 사력을 다해 왜군을 막아낸 진주성 사람들이 모두 대성통곡하며 그의 죽음을 애통해했습니다.

…… 지난번 국운이 막혀 섬 오랑캐가 날뛰자, 우리나라는 백 년 동안 평화로운 나머지 팔도가 풍문만 들어도 무너지고 한 사람의 남아다운 사람도 볼 수 없었다. 이때 경은 진주의 판관으로서 홀로 큰 기둥처럼 우뚝 섰도다. …… 관군이 출전하여 나가 있을 때

김시민 선무공신교서

에 오랑캐의 기병이 그 허술한 틈을 타서 성을 공격해온다는 보고
를 듣고 급히 달려 들어오니 죽을 것을 알고도 돌아온 것과 같았
다. 몸소 돌을 저다가 성의 여장女墻을 수리함에 병졸보다 먼저 나
섰고, 맛있는 음식을 입에 대지 않고 적은 것이라도 나누어 먹으
니 백성들의 환심을 얻을 수 있었고, 피를 마시며 성 위에 올라 죽
음으로써 함께 지킬 것을 맹서하였다.

군사가 적고 밖으로부터의 도움도 없어서 많은 적의 무리를 당해
낼 수 없었으나 마침내 흉한 무리들이 멀리 도망하도록 하고야 말
았으니, 약한 군사로써 오히려 강한 적을 제압하였다. 오직 처음
부터 끝까지 일관된 충성이 드러난 것이 이와 같으므로 상을 준
것이 한 번이 아니었다.

처음에는 목사로 승진시켜 가상함을 포상하였고, 이어서 군사를
총괄하게 하여 큰 재목의 뜻을 펴는 것을 보고자 했으나, 뜻밖의

**진주성 내
김시민 장군 전공비와
촉석 정충단비**

임진왜란 때 김시민
장군의 전공을 새긴
전공비(왼쪽)는
1619년에 건립되었다.
오른쪽의 촉석 정충단비는
임진왜란 당시 진주성
전투에서 순국한 사람들을
기리기 위해 1686년에
세운 기적비이다.

한 발 유탄에 맞아 나의 만리장성이 무너지리라고 생각하였으랴?
살아서는 좋은 장수가 되었고 죽어서는 충신이 되었으니 경에게
어찌 유감이 있으리오. 그대와 더불어 환란을 이겨내었으나 안락
함은 함께 누리지 못하니 이처럼 나의 가슴이 아픔이라. ……

- 〈김시민 선무공신교서〉 중에서

진주성 전투의 승리로 왜군의 전라도 침공이 저지되었고, 호
남의 곡창지대도 무사했습니다. 무엇보다 진주성 전투는 임진왜
란 초기 곳곳에서 연이어 패한 조선군의 떨어진 사기를 다시 회복
시키는 전기가 되었습니다.

그러나 왜군에게 진주성에서의 치욕은 쉽게 잊히지 않았습니
다. 1593년 6월 왜군은 한 번 더 진주성을 공격해옵니다. 제2차 진
주성 전투입니다. 명나라와 진행하던 강화회담을 유리하게 이끌

김시민 선무공신교서

고자 하는 목적과 제1차 진주성 전투에서의 치욕을 씻겠다는 결의로 군사를 정비하고 대대적으로 공격해왔습니다. 9만 3000여 명의 왜군에 비해 조선군은 관군과 의병을 합쳐 6000여 명에 지나지 않았습니다. 엄청난 왜군의 군세 탓에 원군마저도 기대할 수 없는 처지에서 조선군은 다시 한 번 사력을 다해 싸웠습니다. 제1차 진주성 전투에서 분전했던 김천일 등이 이끄는 의병도 최선을 다했지만 6월 22일부터 8일 동안 계속된 왜군의 공격에 결국 성은 무너지고 성안에 있던 군민軍民 6만여 명은 대부분 학살당합니다. 논개가 촉석루에서 적장을 끌어안고 남강에 투신한 것도 이때의 일입니다. 왜군 또한 진주성을 함락시키기는 하였으나 큰 피해를 입어 곧 철수할 수밖에 없었습니다.

바다의 충무공, 육지의 충무공

진주성 싸움에서 김시민 장군이 보여준 활약상과 공적을 치하하고, 관직과 노비, 토지 등을 하사한다는 내용이 담긴 〈김시민 선무공신교서〉는 비단 두루마리 형태로 전체 크기가 세로 38.4센티미터, 가로 287센티미터입니다.

선조가 내린 선무공신교서 18점 가운데 현재 전하는 것은 모두 6점입니다. 권응수, 이광악, 원균, 이운룡, 김시민, 이순신의 선무공신교서로 이들은 모두 보물로 지정되어 있습니다. 이 가운데 〈김시민 선무공신교서〉는 글씨가 번지거나 손상된 곳이 거의 없이 상태가 가장 온전합니다.

그대에게 정승의 지위 병조판서를 증직하여 자손을 등용하더라도 어찌 족히 의사義士를 표창함을 다하겠는가? 오랑캐가 다시 와서 성이 함락되었으니 전일의 그대 공훈이 더욱 값지구나.

그대가 진주 사람들에게 사랑을 끼침이 이미 깊어서 그대의 공적을 기리는 상소가 간절하고 여론을 물어보아도 마찬가지일 뿐만 아니라 내 뜻도 또한 그러하다.

이에 그대를 선무공신 2등에 봉하고 품계를 두 등급 올려주며, 그 부모와 처자에게도 한 등급을 높여준다. 아들이 없으면 생질이나 조카, 사위를 한 등급 올려주겠으며, 적장자는 대대로 이를 세습하여 그 녹을 잃지 않게 할 것이다. (죄를 지은 경우에는) 영구토록 사면령을 적용할 것이다.

이에 노비 9구, 밭 80결, 은 7냥, 겉옷과 속옷의 옷감 1벌, 말 1필을 내려주니 이르거든 받으라. 아아! 앞으로 백 세대에 달할 때까지 그 아름다운 명성을 지닐 것이며 후손에게 내려 전해질 것이다. 죽은 사람을 살려낼 수 없으므로 조용히 내 마음속에서 스스로 슬퍼한다.

그러므로 이에 나의 뜻을 보이고자 하니 마땅히 이 뜻을 알라!

1등 이순신, 권율, 원균

2등 신점, 권응수, 김시민, 이정암, 이억기

3등 정기원, 권협, 유사원, 고언백, 이광악, 조경, 권준,

　　이순신李純信, 기효근, 이운룡

만력 32년 10월 일

- 〈김시민 선무공신교서〉 중에서

김시민 선무공신교서

**〈이순신
선무공신교서〉(부분)**

조선 1604년,
비단에 묵서,
39.0×287.8cm,
현충사관리소 소장, 보물.
충무공 이순신의
선무공신교서이다.
2등에 올라 있는
김시민의 이름도
확인할 수 있다.

김시민 장군은 임진왜란 직후 선무공신 2등에 정해졌지만, 1711년 숙종 때에는 이순신과 마찬가지로 충무공忠武公이라는 시호를 받습니다. 바다의 충무공과 육지의 충무공! 두 충무공의 활약이 임진왜란에서 차지하는 비중은 매우 컸습니다. 임진왜란에서 가장 큰 승리로 꼽히는 3대 대첩은 이순신의 한산대첩1592년 7월, 김시민의 진주대첩1592년 10월, 권율의 행주대첩1593년 2월입니다.

21세기 '문화재 의병' 일어나다

2006년 6월 어느 날 MBC의 TV 프로그램 〈느낌표-위대한 유산 74434〉 제작진에게 전화가 한 통 걸려왔습니다. 일본의 고서화 경매 시장에 나온 〈김시민 선무공신교서〉에 대한 제보였습니다. 김시민 장군의 공신교서가 2005년 11월 일본 도쿄 고서점가에 경매로 나왔는데, 이를 한 일본인 고서적상이 낙찰 받았고, 그 고서적상이 공신교서를 다시 판매할 움직임을 보이자 김문경 일본 교토

매입으로 돌아온 문화재

대학 교수가 방송국에 알려온 것이었습니다.

고국을 떠나 있는 우리 문화재 7만 4434점^{당시 국외 소재 한국 문화재} 추정 수량을 찾아오자는 캠페인과 이벤트를 진행했던 〈느낌표-위대한 유산 74434〉 제작진은 이미 오대산사고본 조선왕조실록 반환 운동에 힘을 보탠 경험이 있었습니다.

소중한 우리 문화재가 일본인의 손에 넘어가 다시 볼 수 없게 될지도 모를 위기에 처해 있음을 간파한 프로그램 관계자들이 급히 일본으로 달려갔습니다. 일본인 고서적상이 펼쳐 보인 〈김시민 선무공신교서〉는 진품이 틀림없었습니다. 고서적상으로부터 1400만 엔^{당시 환율로 약 1억 2000만 원}에 팔겠다는 말을 들은 프로그램 제작진은 방송을 통해 수백 명의 시민이 참여하는 달리기 경주와 퀴즈대회 등 두 차례의 대국민 이벤트를 벌여 후원금을 모으고, 시민 모금 운동을 한 달 가까이 계속하였습니다. 시민의 반응과 참여는 뜨거웠고, 시청자들은 각자의 주머니에서 기꺼이 크고 작은 돈을 꺼내 모아주었습니다. 특히 진주 시민들이 적극 나서서 목표 모금액을 달성할 수 있었습니다.

마침내 7월 24일 일본으로 간 프로그램 제작진이 〈김시민 선무공신교서〉를 찾아왔습니다. 25일에는 〈김시민 선무공신교서〉가 일본에서 돌아왔음을 알리는 고유제가 국립중앙박물관 앞뜰에서 열렸습니다.

······ 이렇게 왜적을 물리친 공의 공신교서가 적국 일본에 반출되어 하마터면 적장의 기념박물관에 유물로 들어가게 될 위기에 처

김시민 선무공신교서

해 있었습니다. 그런데 그 찰나에 공의 영령이 시켰는지 해외에 유출된 문화재를 반환하여야 한다는 교토대학 김문경 교수의 호소가 계기가 되어 이 교서의 환수 운동은 문화방송사의 적극적인 노력에 힘입어 전국적으로 퍼져나가 대대적인 국민운동으로 발전되었습니다. 코흘리개 어린이까지 저금통을 털어 성금을 모으게 된 것은 공의 위대한 업적과도 관련이 있겠지만 선조들의 위국진충의 정신을 이어받겠다는 우리 국민들의 역사의식이 뚜렷하게 살아 있기 때문입니다. 공의 공신교서 환수는 공의 영광일 뿐만 아니라 공과 함께 진주성을 지켜내기 위해 사투를 벌인 무명용사들의 영광이고 대한민국 국민의 영광이기도 하며 한때만의 영광

매입으로 돌아온 문화재

이 아니라 두고두고 먼 장래까지 전해질 값진 영광이라 할 수 있습니다. ……

- 고유제 축문 중에서

고유제가 끝난 뒤 〈김시민 선무공신교서〉가 국립진주박물관 임진왜란실에 전시되자 수많은 시민들이 찾아왔습니다. 시민의 모금 운동으로 찾아온 첫 번째 해외 반출 문화재이기에 더욱 큰 관심을 받을 수 있었습니다. 진주성 싸움이 나라를 지키겠다는 일념으로 군관민이 혼연일체가 되어 거둔 성과였다면, 〈김시민 선무공신교서〉 환수 모금 운동은 시민이 '문화재 의병'이 되어 문화재를 되찾겠다는 신념으로 이룬 결실임에 틀림없습니다.

김시민 선무공신교서

〈몽유도원도〉를 다시 볼 수 있을까

〈몽유도원도〉 중 도원경 부분
안견, 조선 1447년, 비단에 담채, 38.7×106.5cm, 일본 덴리대학 소장

2009년 가을 국립중앙박물관, 많은 사람들이 〈몽유도원도^{夢遊桃源圖}〉를 보기 위해 대여섯 시간씩 긴 줄 서기를 마다하지 않았다. 그럼에도 불구하고 정작 그림 앞에서는 인파에 떠밀려 잠시 눈길만 주고 스쳐야 했다.

　1447년 안평대군^{安平大君, 1418~1453}이 꿈에 본 무릉도원의 모습을 화가 안견^{安堅, ?~?}에게 부탁해 그린 〈몽유도원도〉는 현재 일본 덴리대학이 소장하고 있다. 안견은 이 그림을 사흘 만에 그렸다고 전하는데, 안평대군이 꿈에서 겪은 도원으로의 여정처럼 왼편의 현실 세계에서 오른편의 도원 세계로 전개되는 형식을 취하고 있다. 안평대군의 제서와 시에 덧대어 김종서와 신숙주, 성삼문을 비롯한 당대의 유명한 명사들 20여 명이 찬문을 써 미술사적 가치뿐만 아니라 역사적, 문화적 가치를 지닌 조선 전기의 대작이 되었다. 〈몽유도원도〉는 1453년 계유정난으로 안평대군이 모살당한 이후 행방이 묘연해졌다가 1893년 일본 가고시마에서 시마즈 가문의 소장품으로 모습을 드러냈다. 임진왜란 때 조선에 출병한 사쓰마 번^{지금의 가고시마현}의 영주 시마즈 요시히로가 약탈해갔을 것으로 추정되며, 일본은 〈몽유도원도〉를 국보로 지정해놓았다.

1950년대에 〈몽유도원도〉를 구입해 소장하고 있는 덴리대학은 2009년 국립중앙박물관 대여 전시를 마지막으로 "다시는 공개 전시를 하지 않겠다"고 선언하였다. 이제 〈몽유도원도〉 진품을 다시 볼 일은 기약하기 어렵게 되었다.

무엇보다 〈몽유도원도〉를 되찾아올 수 있는 기회가 있었기에 아쉬움이 더하다. 태평양전쟁이 끝난 직후인 1947년 무슨 영문인지 〈몽유도원도〉는 일본에서 매물로 나와 있었고, 당시 일본을 방문 중이던 국립중앙박물관의 초대 관장 김재원 박사가 구입이 가능하다는 소식을 접했다. 하지만 구입 자금을 마련할 수 없었기에 어쩔 수 없이 매입을 포기해야만 했다.

기회는 한 번 더 있었다. 1950년에 장석구라는 사람이 〈몽유도원도〉를 팔기 위해 부산으로 건너왔으며, 당시 최남선, 이광수 등 많은 사람들이 〈몽유도원도〉를 감상하기도 했다. 하지만 결국 임자를 찾지 못했고 일본으로 다시 건너가 덴리대학이 구매해 지금에 이르고 있다.

17

위싱턴 D.C. 로건서클 15번지,
주미대한제국공사 납시오

주미대한제국공사관

미국의 수도이자 '세계의 수도'로 일컬어질 만큼 세계 정치·외교의
중심지인 위싱턴 D.C.는 1790년 미국의 수도로 지정된 뒤 프랑스
출신 건축가 피에르 샤를 랑팡Pierre Charles L'Enfant, 1754~1825의 기본 설
계로 수십 년간 건설된 계획도시입니다. 미국의 다른 주요 도시에
비해 크지는 않지만, 역사와 문화의 무게가 실린 정부 건물과 기념
관, 박물관들이 즐비하지요. 백악관, 의회의사당, 링컨기념관, 제
퍼슨기념관, 위싱턴기념탑 등이 자리한 내셔널 몰을 중심축으로
직선으로 뻗어나간 길들을 따라 곳곳에 공원을 두어 도시 자체가
하나의 야외 정원과 같이 아름답습니다. 건물들은 1910년 제정한
건물 고도 제한법에 따라 높이가 제한되었기에 내셔널 몰에 세워
진 높이 169.3미터의 위싱턴기념탑을 시내 어디에서나 볼 수 있습
니다. 위싱턴 D.C.의 풍경은 마천루가 늘어선 미국 최대의 도시
뉴욕과는 전혀 다른 표정입니다.

　　위싱턴에서 가장 오래된 건물 중 하나인 백악관에서 걸어서
약 20분가량 떨어진 곳에 로건서클Logan Circle이 있습니다. '서클'은

워싱턴 D.C.에 소재한 주미대한제국공사관
경술국치 직후인 1910년 9월 일제에 강탈당하고 그로부터 102년 만인 2012년에 되찾았다.
복원·보수 공사를 거쳐 2018년 5월에 개관하였다.

주미대한제국공사관

로건서클 전경

미국 정부는 빅토리아 양식의 건물들이 늘어선 로건서클을 1972년부터 역사지구로 지정하여 보존하고 있다. 주미대한제국공사관은 로건서클의 랜드마크 역할을 하고 있다.

우리의 로터리에 해당합니다. 남북전쟁 당시 북군 측에서 크게 활약한 존 로건John Logan, 1826~1886 장군을 기념하는 공원을 둘러싸고 1875년부터 1900년 사이에 세워진 빅토리아풍 가옥들이 잘 보존된 매력적인 지역입니다. 마치 타임머신을 타고 19세기의 워싱턴 D.C.로 시간을 거슬러 올라간 듯 고풍스러운 느낌입니다.

1972년 6월 '역사지구Historic District'로 지정된 로건서클은 미국이 수도 건설 계획을 세울 당시부터 미리 계획되었을 만큼 유서 깊은 장소로, 오래된 가옥들과 주변 경관이 잘 보존되어 있으며 주민들 역시 지역에 대한 자부심이 큽니다.

로건서클 15번지에 있는 빅토리아 양식의 3층짜리 붉은 벽돌 집은 로건서클 역사지구에서도 단연 눈에 띄는 건물입니다. 빅토리아 양식은 빅토리아 여왕의 재위 기간[1837~1901]과 그 후 영국과 그 식민지, 유럽에서 유행한 예술 양식을 말합니다. 전체적으로 웅장하고 장식적인 특징을 보입니다. 로건서클 쪽의 외벽 중앙에 둥글게 돌출된 벽난로 굴뚝이 지붕 위까지 솟아 주요 외관을 만들고, 붉은 외벽에 도드라진 흰 창문 장식들이 전체적으로 우아한 느낌을 전해줍니다.

지금도 이 지역의 랜드마크로 여겨질 정도로 독특하고 수려한 외관을 자랑하는 이 건물은 1877년에 건축되었습니다. 건축된 지 150여 년이 지났지만, 건립 당시의 모습을 고스란히 간직하고 있습니다. 건축주는 군인 출신 외교관인 세스 펠프스[Seth L. Phelps, 1824~1885]로 남북전쟁에서 큰 공을 세운 유명 인물입니다. 그는 은퇴 후 거주할 목적으로 집을 지었습니다. 1977년부터는 흑인인권운동가 출신의 변호사 티모시 젠킨스와 그의 부인 로레타 젠킨스가 아이들을 키우며 30년 넘게 살았습니다. 이 건물을 대한민국 정부가 매입하려고 나선 것은 어떤 까닭일까요?

1891년 '화성돈'에 주미조선공사관을 사다

1889년 2월로 거슬러 올라가봅니다. 토머스 베이야드[Thomas F. Bayard, 1828~1898]가 이하영[李夏榮, 1858~1929]에게 보낸 공문이 미국 국립문서기록보관소에 남아 있습니다.

이하영 공사님께서 "오늘 이후 이곳 수도 워싱턴 D.C.의 조선^{Corea} 공사관 공식 주소를 1500 13th Street N.W.로 정하겠습니다"라고 써 보내신 지난 13일자 공문에 대해 승인하게 됨을 영광스럽게 생각합니다.

- 1889년 2월 15일 토머스 베이야드

토머스 베이야드는 당시 미국 국무장관이고, 이하영은 주미 조선공사입니다. '1500 13th Street N.W.'는 지금의 '로건서클 15번지'를 말하지요. 로건서클 15번지에 자리한 3층의 붉은 벽돌 집은 조선이 미국에서 구입한 처음이자 마지막 주미조선^{대한제국}공사관입니다.

당시 주미조선공사관의 정식 명칭은 '대조선주차미국화성돈 공사관^{大朝鮮駐箚美國華盛頓公使館}'이었습니다. '주차'는 '주재^{駐在}'를 의미하고 '화성돈'은 워싱턴을 한자로 표기한 것입니다. 1882년 미국과 조미수호통상조약을 체결하며 수교를 맺은 조선은 1889년 2월 13일부터 이곳을 주미공사관 용도로 사용합니다. 처음에는 임대했으나 1891년 12월 1일에는 아예 매입합니다. 조선의 국호가 대한제국으로 바뀐 1897년 이후에는 공사관의 명칭도 주미대한제국 공사관으로 바뀌었지요.

미국에 심은 자주 외교의 꿈

1882년 조미수호통상조약은 조선이 서구 국가와 맺은 최초의 근

1893년경의 주미대한제국공사관
주미대한제국공사관은 1889년부터 1905년까지 16년간 조선이 미국을 비롯한 세계와 교류한 무대였다.

대식 조약입니다. 자국의 영향력을 강화하려는 중국의 권고에 의한 것이기도 했지만, 조선에 대한 야욕을 드러내던 일본과 러시아에 대한 견제를 위해서도 필요한 교류였습니다. 중국은 임오군란 1882과 갑신정변1884을 진압하겠다는 명목으로 조선의 정치 외교에 간섭을 시작합니다. 중국의 속박에서 벗어나기 위해 조선은 더 큰 세상을 향한 다각적이고 자주적인 외교 관계를 모색합니다. 이와 같은 조선의 외교적 구상과 실천이 태평양 건너 멀리 미국의 수도

**1893년
주미대한제국공사관
내부**

공사관 내부 1층 가운데
복도를 촬영한 사진이다.
대형 태극기가 세로로 길게
게양되어 있다.

워싱턴 D.C. 한복판에 '대조선주차미국화성돈공사관'을 설치하는
결실을 맺었던 것입니다. 주미조선공사는 조선이 서구 세계에 처
음으로 세운 외교 공관입니다. 자주 외교에의 강한 의지는 조선왕
조가 당시로서는 거금인 2만 5000달러를 들여 건물을 매입한 것으
로도 미루어 짐작할 수 있습니다. 대한민국 정부가 주미조선^{대한제국}
공사관 건물을 조선의 자주 외교와 독립 정신을 상징하는 건물로
평가하고, 적극 매입에 나선 것도 이와 같은 이유입니다.

　　그러나 자주 외교를 향한 조선왕조의 결단과 노력은 얼마 가
지 않아 커다란 시련에 봉착하고 맙니다. 한반도를 둘러싼 열강들
의 패권 다툼이 격화되는 가운데 청일전쟁^{1894~1895}, 러일전쟁
^{1904~1905}에서 승리한 일제가 1905년 11월 17일, 대한제국의 외교

매입으로 돌아온 문화재

1893년 주미대한제국공사관 객당

소파에 놓인 쿠션의 태극 문양이 뚜렷하고 바닥에는 호랑이가죽이 깔려 있다.

권 박탈과 통감부 설치를 주요 골자로 하는 을사늑약을 강제하고 외교권을 빼앗아버렸습니다. 주권 국가가 외교 문제를 독자적으로 처리하지 못하는 것은 치명적입니다. 이미 주권 국가의 자격을 상실한 것이나 마찬가지라고 할 수 있습니다.

이는 곧장 미국 워싱턴 D.C.의 주미대한제국공사관의 운영에도 영향을 끼칩니다. 을사늑약으로 인해 주미대한제국공사관의 모든 직권과 직무는 주미일본대사관에 넘어가고 결국 폐쇄되고 맙니다. 1910년 8월 29일 경술국치 이후에는 주미대한제국공사관의 소유권도 완전히 일제에 넘어갑니다.

당시 주미대한제국공사관 건물 거래 문서 원본을 확인해보면, 소유권자인 고종이 1910년 9월 1일 주미일본대사 우치다 고사이[內田康哉, 1865~1936]에게 주미대한제국공사관의 소유권을 단돈 5달러에 넘긴 것으로 되어 있습니다. 그리고 같은 날 우치다는 미국인 호러스 풀턴에게 계약서상으로는 10달러에 주미대한제국공사관 건물을 매각한 것으로 확인됩니다. 자주 외교의 기치를 내걸고 야심차게 출발했던 주미대한제국공사관은 이렇게 자취를 감춥니다.

재미 교포 독립운동의 정신적 거점

조선의 국권과 주미대한제국공사관 건물의 소유권을 강탈했지만, 일제는 국내외에서 들불처럼 타오르는 한국인의 독립 의지만큼은 빼앗을 수 없었습니다. 조선의 독립운동은 일제의 수탈과 압제가 강해질수록 해외 곳곳에서 더 활발하게 전개되었습니다. 미국에서도 마찬가지였습니다.

경술국치 1년 전인 1909년 미국 내 한인 단체들은 '국민회대한인국민회의 전신'로 통합하여 해외 독립운동을 조직적으로 전개하기 위한 기반을 구축했습니다. 워싱턴 D.C.의 주미대한제국공사관은 미국 내 한인 독립운동가와 교포들에게 자주 독립의 상징물이었습니다. 이를 잘 보여주는 것이 '미국와싱톤대한데국공사관KOREAN LEGATION, WASHINGTON D.C. 엽서'입니다.

손바닥 크기의 엽서 앞면에는 커다란 태극기가 공사관 건물 옥상에 내걸린 사진이 실려 있습니다. 건물 위에서 펄럭이는 태극

미국와신대한데국공사관   KOREAN LEGATION,
WASHINGTON, D. C.

주미대한제국공사관 엽서(앞·뒷면)

1910년 추정, 종이에 인쇄, 14.1×9cm.
국외소재문화재재단은 1910년대 유통된 이 엽서를 실물 크기로 복제하여 2013년 광복절부터 보름간
신청자들에게 배포하였다.

기는 건물에 견주어 너무 크고, 휘날리는 모습도 어색합니다. 누가
보아도 태극기를 그려 넣은 티가 역력합니다.

2013년 국외소재문화재재단은 나라 밖 문화재를 조사하던 중
1910년대의 것으로 보이는 이 엽서를 발견하고 그 가치에 주목하
였습니다. 같은 종류의 엽서가 독립기념관이 소장한 서재필, 안창
호 기증 유물들에서도 발견된 바 있지만 그 의미를 잘 알아볼 수
없었습니다. 재단이 발견한 엽서의 발신인은 당시 캘리포니아 지
역에서 교민들에게 한글을 가르치며 민족의식을 일깨웠던 마영준

으로, 샌프란시스코 대한인국민회 본부에 근무하던 허승원에게 안부를 전하며 보낸 것이었습니다. 재단은 이 주미대한제국공사관 엽서가 교민들 사이에 광범위하게 유통되었다는 사실을 알게 되었습니다.

비록 공사관 건물은 일제에 빼앗겨 더 이상 태극기를 내걸 수 없게 되었지만, 미국의 동포들은 커다랗게 태극기를 그려 넣은 사진엽서라도 주고받으며 '공사관과 조국을 되찾겠다'고 다짐했던 것은 아닐까요? 비록 몸은 이역만리에 있을지라도 미국의 수도 한복판에 자리한 반듯한 단독 건물에서 태극기를 높이 게양하고 외교 업무를 처리해낸 주미대한제국공사관의 당당한 모습은 주권과 독립의 상징으로 교포들 가슴속에 각인되었을 것입니다.

1882년 조미수호통상조약이 체결된 이듬해 미국은 초대 주한미국공사 루셔스 푸트Lucius H. Foote, 1826~1913를 파견, 서울 정동에 공사관을 개설합니다. 그러나 조선은 곧바로 미국에 공관을 설치하지 못했습니다. 조선과 미국의 친교를 달가워하지 않은 청나라 때문이었습니다. 조선은 1883년 미국에 민영익閔泳翊, 1860~1914을 전권대신으로 하는 보빙사미국에 보낸 최초의 사절단 일행을 파견하는 데 그쳐야 했습니다.

1888년 1월 9일에서야 조선은 주미조선공사관을 개설해 초대 주미전권공사에 박정양朴定陽, 1841~1905을 비롯한 공관원 일행 총 11명을 워싱턴에 보낼 수 있었습니다. 공관원 일행은 '두 나라의 친목을 도모할 것, 견문을 넓히되 본국 사정에 관계된 일이면 즉시 보고할 것, 본국의 상인을 보호하고 통상에 노력할 것, 미국의 사

**초대 주미공사관원과
수행원 일행**

1888년 워싱턴에
도착하여 찍은 사진으로
추정된다. 앞줄은
왼쪽부터 이상재,
이완용, 박정양,
이하영, 이채연이고,
뒷줄은 수행원들이다.
당시 초대 전권공사는
박정양이었다.

정을 살피고 수시로 조사할 것, 미국에 주재하고 각국 공사들과 교제할 것, 각국의 사정을 잘 살필 것' 등의 임무를 명받습니다만, 여기에는 주요 외교 교섭 사항이 있으면 먼저 청나라 공사와 긴밀히 협상한 후 그 지시를 따르라는 조건이 붙어 있었습니다.

그러나 초대 주미전권공사 박정양은 이를 무시하고 1888년 1월 17일 22대 미국 대통령 그로버 클리블랜드Grover Cleveland, 1837~1908를 만나 고종의 국서를 전합니다. 국서를 받은 클리블랜드 미 대통령은 "…… 미국 정부는 양국이 조약에 규정되어 있는 바와 같이 상호 외교 교섭 관계의 확립을 확인함으로써 양국이 바라던 우호적인 교섭을 하게 되어 크게 만족합니다"라고 회답합니다. 박정양과 함께 공관원으로 부임했던 이상재는 당시 분위기를 회고하며 "벙어리 외교, 그래도 평판은 좋았다"라고 적었습니다. 결국 박정양은 청나라 공사와 협의하지 않았다는 이유로 초대 주미전권공사로 파견된 지 약 1년 만에 소환됩니다.

박정양과 공사관 일행이 처음 미국에 도착했을 때에는 워싱턴 O가街, street 1513번지의 '피서옥Fisher House, 皮瑞屋'을 빌려 공사관으로 사용했습니다. 피서옥은 첫 주미조선공사관이었습니다. 통역을 맡아 공관원의 일행으로 미국에 온 미국인 호러스 알렌Horace N. Allen, 1858~1932, 의사이자 선교사로 1884년 조선에 들어옴의 지인 '피서'가 소유했던 건물이었기에, '피서옥'이라 불렀습니다. 피서옥이 있던 자리에는 현재 고급 아파트가 들어서 있습니다.

주미대한제국공사관을 되찾기까지

1889년 2월부터 주미조선대한제국공사관으로 사용된 로건서클의 3층 붉은 벽돌집은 1910년 주미일본대사 우치다에 의해 매각 처분된 이후 제2차 세계대전을 겪으며 제대 군인의 레크리에이션 시설로 사용되었고, 1960년대에는 화물운수노동조합Teamsters Union의 사무실로 사용되었습니다. 젠킨스 부부의 소유가 된 것은 1977년입니다. 로건서클은 1972년 미국 정부로부터 역사지구로 지정된 곳이지만, 당시만 해도 치안이 불안한 우범지대로 낙인이 찍혀 있었습니다. 이곳에 자리 잡은 젠킨스 부부는 뜻 있는 주민들과 힘을 합쳐 흑인 인권과 마을 주거 환경 개선 운동에 나섰습니다.

"우리는 초기 개척자였습니다. 1968년 폭동1965년부터 1968년 사이 미국 대부분의 대도시 슬럼가에서 일어난 인종 폭동 이후에, 이웃들을 돌아오게 만들었거든요."

국내에서도 로건서클의 주미대한제국공사관 건물을 기억하
는 사람은 거의 없었습니다. 일제강점기를 거쳐 해방과 한국전쟁
등이 이어지는 격동의 소용돌이 속에서 조선의 첫 구미 외교 공관
은 그렇게 잊히는 듯했습니다.

그러던 어느 날 한국인이 하나둘 젠킨스 부부의 집 앞에 등장
하기 시작했다고 합니다. 젠킨스 부부는 이들 낯선 한국인들로부
터 자신들이 살고 있는 집이 한국의 자랑스러우면서도 슬픈 역사
를 고스란히 간직한 역사의 현장이라는 사실을 알게 되었습니다.

때마침 1982년 한미수교 100주년을 맞이하여 국내 언론을 통
해 한국과 미국 두 나라의 소중한 역사가 담긴 장소로 젠킨스 부부
의 집이 소개되었습니다. 학계의 주목도 이어졌습니다. 김원모 단
국대학교 명예교수는 1983년 일제의 공사관 강제 매각 문서를 처
음 발굴해 소개했으며, 김정동 목원대학교 명예교수는 1990년대

중반 여러 차례 미국 현지 조사 후 저서를 통해 주미대한제국공사관에 대한 자료를 소개하며 그 실체와 의미를 조명했습니다. 미국 현지의 교포들도 마찬가지였습니다. 2003년 미국 이민 100주년을 맞이해 주미대한제국공사관 되찾기 성금 모금 운동을 전개하고, 이에 대한 참여를 촉구하는 홍보와 캠페인을 벌였습니다. 문화체육관광부, 외교통상부 등 정부 부처들도 공사관 되찾기에 뛰어들었지만 미국 민간인의 소유가 된 공사관 건물을 되찾기가 쉽지 않았습니다.

한국인들로부터 "집을 팔라"는 제안을 받기 시작한 젠킨스 씨는 고민에 빠졌습니다. 그러나 젠킨스 씨로서는 30년 넘게 아이들을 키우며 정이 듬뿍 든 집이고, 마을 주민들과 머리를 맞대고 지역의 발전을 고민했던 자신의 열정이 깃든 곳이라 선택이 쉽지 않았습니다.

"우리에게는 이곳을 떠난다는 것이 매우 어려운 결정이었어요. 이 집을 사랑하고 이웃들을 사랑하거든요. 우리는 지금 이 동네를 만들기 위해 정말 열심히 일했어요."

금방 성사될 것 같던 협상이 지지부진해지던 2011년 무렵 헤리티지 포럼이 돌파구를 열었습니다. 헤리티지 포럼은 2011년 8월 '황제의 공사관은 살아 있다'를 주제로 세미나를 열고, "역사의 상징적 건물을 되찾자"고 결의한 바 있었습니다. 포럼 회원인 조윤선 당시 국회의원은 부동산 중개료 확보 방법 등의 실천 전략을 짰습니다. 당시 국가브랜드위원장이기도 했던 이배용 포럼 대표는 매입의 당위성을 널리 알렸고, 김종규 문화유산국민신탁 이사장은 마무리 전략을 마련했습니다. 세미나에서 발표를 맡았던 박보균 당시 중앙일보 편집인은 정계·문화계에 매입 열기를 확산시켰습니다. 민간단체, 언론이 한마음으로 문화재청의 주미대한제국공사관의 구입을 응원하고 나선 것입니다.

협상은 급물살을 탔습니다. 집주인 젠킨스 부부는 마침내 자신들의 집을 돌려주기로 결심했습니다. "우리는 한국과 한국 사람들에게 강한 유대감을 느꼈어요. 우리는 한국인들이 이 집을 되찾게 되어 무척 행복해요. 이 집이 중요한 곳이라는 데 충족감을 느낀답니다."

결국 문화재청은 2012년 10월 젠킨스 부부에게서 옛 주미대한제국공사관 건물을 매입합니다. 마침 공사관 건물의 최종 계약 장소인 워싱턴 D.C.의 내셔널프레스빌딩은 1888년 1월 초대 주미조선공사 일행이 워싱턴 D.C.에 도착한 첫날 묵었던 에빗하우스 호텔Ebbitt House Hotel이 있었던 자리에 세워진 건물이었기에, 주미대한제국공사관을 되찾는 의미와 기쁨이 한층 더 값지게 여겨졌습니다.

해외에서 최초로 진행된 자주 외교 공간의 복원

2018년 5월에는 워싱턴 D.C. 로건 서클의 옛 주미대한제국공사관 건물에 다시 태극기가 게양되었습니다. 2013년 1월부터 약 5년의 준비 기간을 거쳐 원형 복원 및 전시관 조성 공사를 마친 공사관이 일반에 공개되는 날이었습니다. 자주 외교의 염원으로 마련되었으나 을사늑약으로 외교권을 빼앗겨 공사관의 기능을 멈추었다가

주미대한제국공사관 복원 공사

2012년 10월 건물을 매입한 후 2015년부터 2018년까지 복원 공사를 진행하였다.

한일강제병합과 더불어 건물의 소유권마저 빼앗기고 단돈 5달러에 강제 매각된 지 108년 만입니다.

주미대한제국공사관은 조선과 대한제국의 옛 재외공관 중 유일하게 원형이 그대로 보존된 단독 건축물입니다. 규모는 대지 면적 226.10제곱미터, 건축 면적 152.43제곱미터, 연면적 584.54제곱미터의 지하 1층, 지상 3층 건물입니다. 1층은 응접실과 식당 등으로 썼고, 2층은 공사 집무실과 숙소, 3층은 직원과 가족들의 숙소, 지하는 세탁실, 당구실 등 관리와 휴식 공간으로 사용되었습니다.

문화재청으로부터 관리 위탁을 맡은 국외소재문화재재단은 김종헌 배재대학교 교수 등 국내 전문가들과 함께 공사관의 원형

매입으로 돌아온 문화재

**객당에서 바라본
복도와 식당 모습**

복원된 공사관 내부
1층 복도에서 촬영한
사진이다. 옛 모습
그대로 대형 태극기가
세로로 길게 게양되어
있다.

복원 및 전시 공간 조성 사업을 담당했습니다. 외관은 1877년 건축 당시의 빅토리아 양식을 기반으로, 1·2층 내부는 주미대한제국공사관 당시의 모습을 살려내 복원하고, 3층은 전시 공간으로 조성하기로 큰 틀을 잡고 공사를 시작했습니다. 복원을 위한 고증 작업을 비롯하여 전시물 제작과 설치까지 쉽지 않은 작업이었습니다. 특히 외국의 역사지구에 위치한 건축 문화재를 매입하여 현지에서 문화재 복원 방식에 따라 진행한 최초의 공사였기에 더 많은 주의와 노력이 필요했습니다.

공사 중에는 뜻하지 않게 역사적으로 의미 있는 자료나 흔적이 여러 차례 발견되기도 했습니다. 특히 2층 벽난로 해체 중에

객당 내부

복원된 공사관 내부
1층 객당으로
작은 소품들까지
1893년 사진 속 모습에
가깝게 복원·재현했다.

19세기 말에서 20세기 초에 제작된 여러 자료가 나왔습니다. 이
중에는 미국 26대 대통령인 시어도어 루스벨트의 딸 엘리스 루스
벨트의 결혼식1906년 2월 18일 안내장도 있었습니다. 당시 공사관의
생활상과 적극적 외교 활동을 떠올리게 하는 자료입니다.

한국과 미국이 확인하는 공유의 역사 현장

주미대한제국공사관은 한국과 미국의 관계가 싹튼 요람과 같은 공
간입니다. 주미대한제국공사관이 한국인에게는 자주 외교를 향한
조선의 열망과 좌절이 고스란히 깃든 공간이자, 암울했던 일제강
점기 재미 교포들의 가슴속에서 '반드시 되찾아야 할 나라이자 독
립의 상징'과도 같은 곳이라면, 미국인에게 그 건물은 남북전쟁 시
기 크게 활약한 역사 인물 세스 펠프스를 기억케 하는 중요한 유적

이기도 합니다. 뿐만 아니라 역사의 격변기였던 19세기 말부터 20세기 초 그리고 오늘날까지 면면히 이어온 두 나라의 정치·외교의 역사를 초기부터 파악할 수 있는 실체적 장소입니다.

철저한 고증과 복원 공사를 통해 자주 외교의 공간이자 한미 두 나라의 외교사를 간직한 공간으로 재탄생한 주미대한제국공사관은 개관 이후 현지 명소로 자리 잡았습니다. 공사관 방명록에는 "대한민국이 자랑스럽다" "알 수 없는 뭉클함과 뿌듯함을 느꼈다"는 소회가 많습니다.

이제 주미대한제국공사관은 한국과 미국 두 나라가 서로의 역사적·문화적 가치를 확인하는 공유의 공간으로 다시 태어난 듯합니다. 주미대한제국공사관 홈페이지 https://oldkoreanlegation.org에서도 그 생생한 현장을 만날 수 있습니다. 마찬가지로 서울 정동에는 1883년 개설된 주한미국공사관이 있습니다.

18

진주 강씨 5대 초상이
한자리에 모인 진풍경

강노 초상

흔히 한 세대를 30년으로 셈합니다. 그렇다면 증조할아버지부터
증손자까지 무려 150여 년 동안의 가족이 한자리에 모이는 일은
아무리 장수하고 다복한 가정이라도, 가능할 법한 상황이 아닙니
다. 그런 의미에서 2018년 8월 국립중앙박물관 서화실에서 열린
한 전시회는 아주 흥미로운 이벤트였는지 모릅니다. 한 가문의
5대에 걸친 가족 초상이 한자리에 모인 유례없는 전시회였으니
까요.

놀랍도록 꼭 닮았구나

〈강세황과 진주 강씨 5대 초상〉이라는 이 특별한 전시에 모인 주
인공들은 명문가 진주 강씨 사람들입니다. 조선시대 연로한 고위
문신을 예우하기 위해 설치한 기로소耆老所에 3대가 연속해서 들어
가 '삼세기영지가三世耆英之家'로 이름났었지요. 기로소에 연속해서
입소한 3대는 진주 강씨 제15세世 강백년姜栢年, 1603~1681, 제16세 강

姜
判府事
貞隱
己巳生
七十一歲
乙卯
九月
真像

〈강노 초상〉

조선 1879년, 종이에 채색, 60.7×47.0cm, 국립중앙박물관 소장.

얼굴 묘사는 생생한 데 반해 복식은 간결하게 표현했다. 2017년 고국으로 돌아와 진주 강씨 5대 초상이
한자리에 모일 수 있었다.

강노 초상

〈강세황 자화상〉

조선 1782년, 비단에 채색, 88.7×51cm, 국립중앙박물관 관리, 보물. 70세에 그린 자화상으로 옥색 도포의 평복 차림에 관모를 쓰고 있는 것이 이채롭다.

현姜鋧, 1650~1733, 제17세 강세황姜世晃, 1713~1791입니다. 전시회에 초상화로 모인 5대는 제16세 강현, 제17세 강세황, 제18세 강인姜僨, 1729~1791, 제19세 강이오姜彛五, 1788~1857, 제20세 강노姜渃, 1809~1886입니다. 강노 또한 기로소에 들었습니다. 강세황은 3대가 기로소 당상이 된 것을 매우 자랑스럽게 생각해 '삼세기영三世耆英'이라는 인장을 새겨 자신의 그림에 찍기도 했습니다.

전시회에서는 역시 표암豹菴 강세황이란 이름이 가장 낯익습니다. 조선시대 선비들은 시서화를 선비의 기본 소양으로 여기며 이 세 가지에 빼어난 재능을 지닌 사람을 '시서화 삼절詩書畫 三絶'이

〈강세황 초상〉

이명기, 조선 1783년,
비단에 채색, 145.5×94.0cm,
국립중앙박물관 관리, 보물.
당대 최고 화원 이명기가
그린 초상화로 관복을 입은
초상화로서는 오른손가락이
드러난 것이 특색이다.

라 했습니다. 이 시서화 삼절의 대표적 예가 바로 강세황입니다. 그는 시서화에 능한 만큼 안목도 탁월하여 일찍이 단원檀園 김홍도 金弘道, 1745~1806의 실력을 알아보고, 후원자 역할을 하며 궁중 화원 으로 이끌기도 했습니다. 조선 후기 문예에 뚜렷한 발자국을 남긴 인물이지요. 시서화 삼절, 김홍도의 스승, 조선 후기 예단藝壇, 예술계 의 총수로 이름나 있기도 하지만, 그가 더 친숙하게 느껴지는 것은 언젠가 한 번쯤은 봤을 강세황의 초상화 덕분이 아닐까요?

　오늘날 전하는 강세황 초상은 모두 8점입니다. 이 중 두 점이 보물로 지정되어 있습니다. 강세황이 1782년 70세에 그린 자화상과 1783년 71세에 기로소에 들어간 것을 기념하여 정조의 명에 따라 궁중 화원 이명기가 그린 초상화입니다. 이명기는 서양화의 음영법을 응용해 사실적이면서도 기품 있는 초상화를 그려낸, 이름이 높은 화가입니다. 이명기가 그린 초상화는 관복에 관모를 착용하고 의자에 앉은 모습이고, 자화상은 검은색 관모에 진한 옥빛의 도포 차림으로 바닥에 앉은 모습입니다. 이명기가 그린 초상화에는 오른손가락이 드러나 있습니다. 조선 전반기까지는 손가락이 드러나 있는 경우가 거의 없었습니다. 회화사적으로 볼 때 의미 있는 변화이지요.

조선시대 초상화의 핵심적인 성취는 무엇보다 얼굴에서 드러납니다. 두 그림 모두 얼굴이 같은 각도를 하고 시선은 오른쪽을 향해 있습니다. 연륜이 아로새겨진 듯한 주름살, 굳건한 정신이 엿보이는 눈동자, 음영이 드리운 오목한 뺨, 미간에 새겨진 세로 주름, 사실적으로 묘사된 긴 수염 등 유명 화가가 그렸든 본인이 그렸든 한눈에 같은 사람이란 걸 알 수 있을 만큼 닮았습니다. 조선시대 초상화가 얼마나 정확하고 정교하게 그려졌는지를 웅변하는 듯합니다.

조선시대는 초상화의 시대

미술사학자 이태호 교수는 '조선시대는 초상화의 시대'라고 규정한 바 있습니다. 한국 미술사에서 이때 가장 많은 초상화가 그려졌고, 예술성 높은 명작들이 쏟아져 나왔습니다. 조선시대 회화사에서 초상화가 각별한 의미를 갖는 것은 얼굴의 피부병이나 흉터, 점 하나까지도 가감 없이 그려낸 철저한 사실성에 기반하면서 인물의 내적 세계까지 담아내는 높은 예술적 성취를 이루고 있기 때문입니다.

1688년숙종 14 3월 7일《승정원일기》에는 태조 영정 봉안 문제를 의논하며 "털끝 하나, 머리카락 한 올, 혹 조금이라도 차이가 나면 곧 다른 사람"이라고 언급한 기록이 있습니다. 대상의 외형을 사실적으로 재현할 뿐만 아니라 인격과 내면의 세계까지 표출해야 한다는 '전신사조傳身寫照'는 초상화를 그려내는 기본 정신입니다. 엄격한 사실성에 기반한 정교함과 담백함은 이렇게 조선시대 초상화의 미감이 되었습니다. 조선 선비들이 추구해온 정신세계도 조선시대 초상화에 드러난 예술적 성취와 다르지 않을 것입니다.

강세황의 셋째 아들 강관姜俒, 1743~1824은 〈계추기사癸秋記事〉에 이명기가 강세황의 초상화를 제작할 때의 일을 기록해두었는데, 이 그림을 두고 "정신과 마음을 흡사하게 그려내어 털끝만큼의 유감도 없다"고 하였습니다. 이명기는 서울 회현동의 강세황 집에서 열흘 만에 이 초상을 포함한 강세황 초상 세 점과 맏아들 강인의 초상을 완성하였다고 합니다.

2017년 바로 이 강인의 초상을 국립중앙박물관이 국내 경매를 통해 구입합니다. 그리고 같은 해 국외소재문화재재단이 국외 경매에서 강세황의 증손 강노의 초상을 구입해 국립중앙박물관에 이관하지요. 이 두 초상화의 등장으로, 마치 큰 잔치 같았던 진주 강씨 5대의 초상화 전시가 이루어질 수 있었습니다.

강노 초상

〈태조 어진〉

조선 1872년, 비단에 채색,
218×150cm,
어진박물관(경기전) 소장, 국보.
그간 전해오던 낡은 원본을 1872년에
다시 옮겨 그린 것으로, 조선 전기
초상화 연구에 있어 귀한 자료이다.

〈태조 어진〉의 얼굴 혹

태조 이마 오른쪽 눈썹 위에 작은 혹이
보인다. 이처럼 조선시대 초상화는
얼굴의 작은 흠까지 가감 없이
사실적으로 나타내었다.

매입으로 돌아온 문화재

진주 강씨 5대 초상의 진한 인연

2017년 10월 18일 미국의 한 작은 지방 경매소가 내놓은 한국 초상화를 국외소재문화재재단이 온라인 경매 시장을 살피던 중 발견합니다. 재단은 한국 문화재의 해외 유통 상황을 파악하기 위해 온라인 경매 시장을 상시적으로 점검합니다. 매년 700여 경매소 약 4천 건의 경매 출품 한국 문화재를 확인해 관련기관과 공유하고 있지요.

국내에는 잘 알려져 있지 않은 이 경매소는 '조상을 그린 한국 초상화Korean Ancestor Portrait'라는 이름으로 작품을 소개하였는데, "검은 모자를 쓴 남자가 표범 가죽을 씌운 의자에 앉아 있다"는 것이 작품 설명의 전부였습니다. 눈에 보이는 대로 묘사한 것일 뿐, 그림에 대한 정보로는 의미를 부여하기 어려웠습니다만, 다행스럽게도 사진의 화면 오른쪽에 쓰인 글씨를 읽어낼 수 있었습니다.

"姜判府事 貞隱 己巳生 七十一歳 乙卯 九月 眞像^{강판부사 정은 기사}
생 칠십일세 을묘 구월 진상"

초상화 속의 인물을 추적할 수 있는 단서였습니다. 판부사는 '판중추부사'의 준말이고, 중추부는 조선시대 고위 관리로 특정 관직에 보임되지 않은 자를 우대하기 위한 기관입니다. 이름으로 추정되는 '정은貞隱'을 확인해보니, 강노의 호였습니다. 강세황의 증손인 강노는 홍선대원군이 집정한 이후 중용되어 병조판서를 거쳐 좌의정까지 지냈습니다. 초상화는 강노가 71세가 되었을 때 그린 것으로, 그 시점은 1879년^{고종 16} 9월입니다.

〈강노 초상〉을 발견하기 불과 한 달 전, 9월의 일이었습니다.

강노 초상

從好美公五十五歲眞

〈강인 초상〉

조선 1783년, 비단에 채색,
87.0×58.5cm,
국립중앙박물관 소장.
아버지 강세황을 연상케 할
정도로 용모가 아버지를 꼭
닮았다.

강세황의 맏아들이요, 강노에게는 큰할아버지가 되는 강인의 초
상이 국내의 한 경매에 출품되었습니다. 경매 도록의 표지에 실릴
정도로 주목받은 작품이었습니다. 강세황의 셋째 아들 강관이 저
술한 〈계추기사〉에 "강세황의 초상화를 제작할 당시 남은 비단을
써서 강인의 초상을 만들었다" 했고, 또 "강세황 부친인 강현의 제
삿날에 가족들이 강현과 강세황의 초상을 펼쳐놓고 집안 일을 추
억했다"는 이야기가 나옵니다.

　기록으로만 알려졌던 그림이 세상에 모습을 드러낸 것도, 그
외모가 아버지를 꼭 빼닮은 것도 참 신기했습니다. 재단도 경매장

매입으로 돌아온 문화재

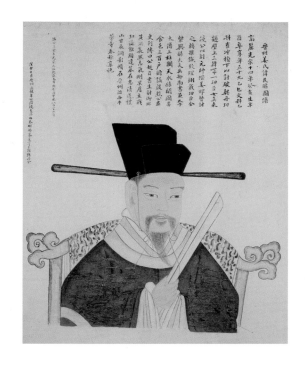

〈강민첨 초상〉
조선 1788년, 비단에 채색,
75×60cm, 국립중앙박물관 보관, 보물.
후대에 다시 옮겨 그린 것으로,
고려시대 공신 초상의 형식을 알려주는
귀중한 자료이다.

에서 직접 〈강인 초상〉을 보았고 경매 상황도 지켜보았던 터라 강
인의 초상에 이어, 불과 한 달 후에 강노의 초상까지 나타난 것이
퍽 놀랍게 느껴졌습니다. 당시 경매에 나온 〈강인 초상〉은 국립중
앙박물관이 구입했습니다.

진주 강씨 5대 계보가 한눈에

재단은 미국 경매 시장에 나온 〈강노 초상〉에 대해 회화사 전문가
들에게 좀 더 자문해보았습니다. 〈강노 초상〉은 그 존재가 전혀 알

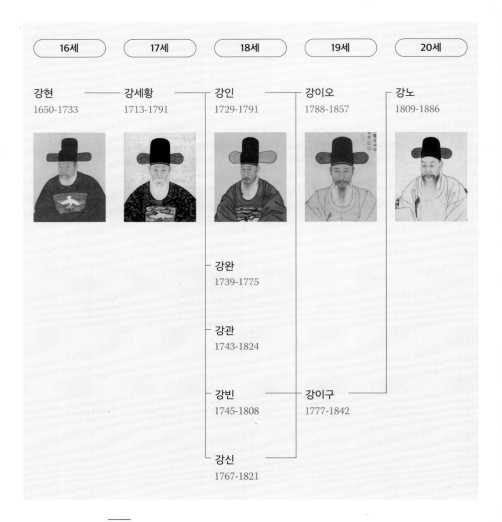

| 16세 | 17세 | 18세 | 19세 | 20세 |

강현
1650-1733

강세황
1713-1791

강인
1729-1791

강이오
1788-1857

강노
1809-1886

강완
1739-1775

강관
1743-1824

강빈
1745-1808

강이구
1777-1842

강신
1767-1821

진주 강씨 5대 초상화

〈**강현 초상**〉 조선 1719년, 비단에 채색, 43.6×32.2cm, 《기사계첩》 수록, 국립중앙박물관 소장, 국보.
〈**강세황 초상**〉 조선 18세기 후반, 종이에 채색, 50.9×31.5cm, 국립중앙박물관 소장.
〈**강인 초상**〉 조선 1783년, 비단에 채색, 87.0×58.5cm, 국립중앙박물관 소장.
〈**강이오 초상**〉 이재관, 조선 19세기 전반, 비단에 채색, 63.9×40.3cm, 국립중앙박물관 소장, 보물.
〈**강노 초상**〉 조선 1879년, 종이에 채색, 60.7×47.0cm, 국립중앙박물관 소장.

려져 있지 않은 새로 발견된 자료였습니다. 강노의 후손들도 알지 못하는 그림이었습니다. 강노의 후손들은 조상의 그림을 찾아올 수 있다면 매우 감사한 일이라고 했고, 전문가들은 국내로 다시 들여와야 할 중요한 자료라는 데 이견이 없었습니다.

국립중앙박물관이 이미 강현, 강세황, 강인, 강이오까지 4대 초상화를 소장하고 있으므로, 〈강노 초상〉까지 더해진다면 한 집안의 5대 초상화가 한자리에 모이게 됩니다. 국립중앙박물관은 고려 귀주대첩의 명장이자 진주 강씨 은열공파 시조인 강민첨姜民瞻, 963~1021의 초상1788, 보물도 소장하고 있습니다. 《기사계첩耆社契帖》에 실린 〈강현 초상〉은 국보, 〈강이오 초상〉은 보물입니다.

조선시대 초상화는 장르 자체도 세계 미술사적으로 매우 독특하며, 한 집안에서 이처럼 많은 초상화가 그려지고 또 지금까지 전해오는 경우는 매우 이례적입니다. 국내는 물론 동양사, 세계사에 있어서도 흔치 않지요.

미국 지방 경매소에서 만난 〈강노 초상〉

온라인으로 치러지는 경매일은 10월 26일이었습니다. 〈강노 초상〉을 해외 경매 시장에서 발견한 지 불과 아흐레 만이었습니다. 자료 조사와 전문가의 평가, 구매 결정까지 모든 진행 시간이 빠듯했습니다. 그러나 실물을 보지 않고서는 섣불리 구매에 참여할 수 없었습니다. 경매 이틀 전 비로소 초상화 전문가와 함께 미국행 비행기에 몸을 실었습니다. 여러 변수가 있었으나, 〈강노 초상〉을 다

〈강노 초상〉실견 조사
경매에 참여하기 전
초상화 연구자인
조선미 교수가
최종 확인을 하고 있다.

시 들여오는 사안의 중요성에 대한 공감이 있었기에 관계자 모두
가 신속하게 진행되는 절차를 수용해주었습니다.

　〈강노 초상〉의 판매를 위탁받은 경매소는 미국 조지아주 남
동부 서배너에 위치해 있었습니다. 초상화의 소유주 역시 서배너
에 살고 있는 미국인이었습니다. 그림이 언제 어떻게 한국에서 미
국으로 반출되었는지 정확한 경위는 규명되지 않았습니다만, 뉴
욕시에 사는 한 사람이 〈강노 초상〉을 포함하여 자신의 재산을 가
톨릭 교회에 기부했고, 그 교회가 기부 물품을 처분하기 위해 내놓
은 것을 구입한 것이라 했습니다.

〈강노 초상〉 배채

배접의 흔적이 없어서
조선시대 초상화의
특징인 뒷면에
채색을 하는 배채법과
배채 상태를 명확하게
확인할 수 있다.

한국 초상화 연구 전문가인 조선미 성균관대학교 교수는 미국
에 도착해 〈강노 초상〉을 실견해, 해당 그림이 진품임을 확인해
주었습니다. 실물 초상은 사진으로 본 것보다 훨씬 우수했고 작품
의 보관 상태도 좋았습니다.

초상 속 강노는 관복을 입고 두 손을 공손히 모은 자세로 오른
쪽을 바라보고 있습니다. 얼굴은 은은한 살색으로 생동감 있게 채
색되었으며, 뺨, 코, 눈 주변으로 음영이 정교하게 그려졌습니다.
콧등 주변으로는 천연두 자국까지 묘사가 매우 세밀하고 사실적입
니다. 동물 가죽을 두른 의자에 앉아 있는데, 고종 때 제작된 몇 안

되는 고위 관료의 초상화이고 또 반신상이라는 점에서 회화사적 의미가 있었습니다. 관복을 착용하고 의자에 앉은 모습으로 묘사될 때에는 대부분 몸 전체가 그려졌는데, 이 초상에서는 반신만 표현되었습니다. 이러한 형태는 다른 초상화 작품에서 거의 확인되지 않습니다.

조선시대 초상화 기법 중 대표적인 것 중의 하나가 배채입니다. 배채는 밑그림을 그린 뒤 그림 뒷면에 먼저 채색을 해서 색이 앞으로 비추어보이도록 한 다음, 앞면에서 다시 색을 칠하는 기법입니다. 색채가 은은하게 배어나와 표정에 깊이를 더하고, 색의 보존성도 높이는 장점이 있습니다. 〈강노 초상〉은 이 배채법을 명확히 확인시켜주고 있었습니다. 일반적으로 비단을 써서 배채하는데, 〈강노 초상〉은 얇은 닥종이를 사용하고 있었습니다.

매입으로 돌아온 문화재

외모를 넘어 자신의 정신을 포착하라

경매소는 예상대로 소규모였습니다. 지역에서 나오는 온갖 물건을 다 취급하고 있어, 한국 회화에 대한 지식을 갖기는 어려워 보였습니다. 이런 곳에서 귀중한 우리 문화재를 찾아낸 것이 천운처럼 여겨졌습니다. 하마터면 〈강노 초상〉은 오랜 세월, 아니면 영영 볼 수 없었을지도 모릅니다.

〈강노 초상〉의 실물을 확인한 재단은 온라인 경매에 참여해 강노의 초상을 낙찰 받아 국립중앙박물관으로 이관했습니다. 박물관이 이미 진주 강씨 가문의 초상화 여러 점을 보존하고 있었기에, 〈강노 초상〉을 더한다면 그 의미가 더 커질 것이고, 해외에서 돌아온 문화재에 대한 이해와 공감도 확대될 수 있을 테니까요. 박물관 서화실에 모인 진주 강씨 5대의 초상화는 조선시대 초상화라는 장르의 높은 성취를 다시 한번 상기시켜 주었을 뿐만 아니라 한 가계 인물들의 닮은 모습 면면을 살피는 소소한 재미까지 아주 생생히 전해주었습니다.

강노 초상

19

150여 년 만에
다시 만난 왕실 두 여인

효명세자빈 책봉 죽책·
덕온공주 동제 인장·
덕온공주 집안 한글 자료

국외 문화재 환수는 개인 및 기관의 기증, 상호 협의에 의한 대여, 정부 간 협상, 경매 참여 등 여러 방식으로 이루어집니다. 국외 문화재가 경매에 출품된 경우, 국외소재문화재재단이 직접 경매에 참여하거나 관계 기관을 연결합니다. 관계 기관을 대신하여 구입하거나 또는 제반 절차를 지원하면서 문화재를 찾아오는 데 도움을 주고 있습니다.

2018년에는 경매를 통해 왕실에서 함께 지낸 두 여인, 효명세자빈孝明世子嬪, 1808~1890과 덕온공주德溫公主, 1822~1844 관련 유물을 환수해 왕실 가족이 나눈 따뜻한 정을 헤아려볼 수 있었습니다. 프랑스에서 돌아온 '효명세자빈 책봉 죽책', 미국에서 돌아온 '덕온공주 동제 인장', 그리고 '덕온공주 집안 한글 자료' 이야기입니다.

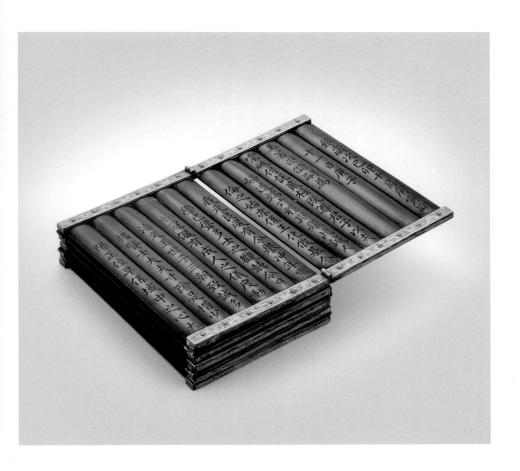

효명세자빈 책봉 죽책

신정왕후 조씨를 효명세자의 빈으로 책봉할 때 제작한 죽책이다. 강화도 외규장각에 보관되어 있었는데
1866년 병인양요 때 의궤와 함께 프랑스군에 약탈된 것으로 추정된다. 프랑스 경매에서 매입하여
고국으로 들여왔다.

효명세자빈 책봉 죽책·덕온공주 동제 인장·덕온공주 집안 한글 자료

프랑스 경매 출품

효명세자빈 책봉 죽책

국외 소재 문화재들을 찾아내는 데는 다양한 방법이 동원됩니다. 해외 박물관의 온라인 컬렉션, 국내외의 각종 전시 및 도록, 학술 연구 결과 등 다양한 채널을 조사하고 관련 인맥을 동원하여 동향을 파악하면서, 알려지지 않은 국외 소재 한국 문화재들을 새롭게 찾아내지요.

　2017년 6월 프랑스 경매소의 아시아 미술 경매 도록에서 사진 한 장이 발견되었습니다. 가지런히 엮은 대나무편에 글씨가 새겨져 있고, 위아래로 황금색 변철을 덧댄 죽책竹冊이었습니다. '책冊'은 조선시대 왕에게 존호·시호·휘호 등을 올릴 때, 그리고 왕비·왕세자·왕세자빈을 책봉할 때에 어보와 함께 제작하는 왕실 의례용

기록물입니다. 그 주인공이 왕이나 왕비이면 옥책을 만들었고, 왕세자나 왕세자빈이면 대나무를 이용해 죽책을 만들었지요. 옥책과 죽책은 왕실이 아니면 사사로이 만들 수도 사용할 수도 없으며, 주인공이 세상을 떠나면 종묘에 봉안되었으니, 왕실 밖으로 유출될 수 없는 귀한 물건입니다.

도록에는 '1759년 결혼 관련 문서'로 소개되어 있었습니다. 1759년은 21대 왕 영조 연간^{1724~1776}입니다. 죽책의 주인공부터 알아야 했습니다. 그러나 '1759년 결혼 관련 문서'는 확인되지 않았습니다. 1759년에 제작된 '정조 봉왕세손 죽책'은 결혼과 무관했고, 결혼과 관련해서는 영조의 계비인 정순왕후 책봉 곧 '정순왕후 봉왕비 옥책'이 있었지만 이는 죽책이 아닌 옥책이었습니다. 더욱이 두 책은 모두 종묘에 있던 것을 국립고궁박물관에 옮겨 보관하고 있었습니다.

효명세자빈 책봉 죽책·덕온공주 동제 인장·덕온공주 집안 한글 자료

다음 기묘년인 1819년의 기록을 찾아보았습니다. 1819년은 23대 왕 순조 연간1800~1834입니다. 도록 사진에 보이는 죽책문의 내용이 《순조실록》과 《효명세자가례도감의궤》 등의 문헌에 기록된 것과 일치했습니다. 효명세자빈 책봉 죽책이었습니다. 죽책은 '조만영의 딸 풍양 조씨를 순조의 맏아들인 효명세자의 빈으로 책봉한다'는 내용을 담고 있었습니다.

효명세자빈은 24대 왕 헌종의 어머니 신정왕후입니다. 남편인 효명세자1809~1830는 아버지 순조의 건강 악화로 1827년순조 27부터 대리청정을 하던 중에 사망하였고, 순조1790~1834도 몇 년 후 사망하여 8세밖에 안 된 아들 헌종1827~1849이 왕위에 오르자 대비가 되었지요. 신정왕후는 조선 후기 세도정치기에 풍양 조씨 세력을 대표하였기에 '조대비'란 호칭으로 더 많이 알려져 있습니다.

헌종조차 후사 없이 갑작스레 세상을 떠나자 당시 왕실의 최고 어른인 시어머니 순원왕후1789~1857가 25대 왕에 철종을 세웁니다. 철종과 시어머니인 순원왕후마저 사망한 뒤에는 신정왕후가 왕실의 최고 어른이 되어 후계 왕을 선정할 권한을 갖게 됩니다. 이때 흥선대원군의 둘째 아들을 자신의 양자로 삼아 즉위시키지요. 조선 26대 왕 고종입니다. 신정왕후는 고종 즉위 후 3년 동안 수렴청정을 하지만, 이후에는 정사에 크게 관여하지 않고 지내다 당시로서는 무척 장수한 편인 81세에 세상을 떠납니다. 비록 남편인 효명세자사후 문조로 추존됨는 왕위에 오르지 못했지만 그의 대리청정 시절부터 순조, 헌종, 철종, 고종 대에 이르기까지 무려 조선 왕 5대에 걸쳐 왕실을 지켜온 셈입니다.

매입으로 돌아온 문화재

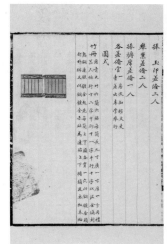
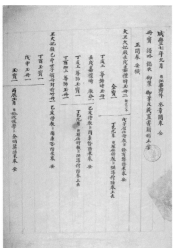

150여 년 동안 행방을 몰랐다

그런데 효명세자빈 책봉 죽책이 어떻게 프랑스 경매 시장에 등장한
것일까요? 병인양요 때 프랑스군이 약탈해간 외규장각강화도에 설치한
왕실 서고 도서를 떠올리지 않을 수 없습니다. 1866년 로즈 제독이 이
끄는 프랑스 해군은 강화도를 침략해 강화행궁 안에 있던 외규장각
에서 의궤 등을 약탈합니다. 철수 전에는 행궁과 외규장각에 불을
놓아 수많은 도서와 사료들을 모두 잿더미로 만들었지요. 이때 프
랑스군이 약탈해간 서책과 무기, 보물, 은괴 등의 목록과 수량은 로
즈 제독이 프랑스 해군성에 보낸 보고서에 기록돼 있습니다.

　　그간 효명세자빈 책봉 죽책은 병인양요 때 프랑스군에 의해
불타 없어진 것으로 추정되어 왔습니다. 이태진 전 국사편찬위원
장이 쓴 2002년 논문 〈외규장각 도서의 유래와 병인양요 직전의

막시마 상점

효명세자빈 책봉 죽책을
소장했던 프랑스인이
파리에서 운영했던
상점의 1930년대
모습이다.

소장 상태〉에서도 효명세자빈 책봉 죽책을 소실로 분류해놓았습니다. 왕실이 강화도 외규장각에 보관한 봉안물 장부인《정사 외규장각형지안丁巳 外奎章閣形止案》1857에는 효명세자빈 책봉 죽책이 기록되어 있습니다. 그런데 로즈 제독의 전리품 목록이나 프랑스국립도서관 소장품 목록 등에는 효명세자빈 책봉 죽책이 빠져 있으니, 소실로 분류했던 것으로 보입니다.

조선 왕실의 기록에는 있지만 국내에는 없고, 프랑스군이 약탈해간 도서 목록에도 빠져 있는 효명세자빈 죽책. 1866년 프랑스군이 약탈해간 외규장각 도서 340책 중에서 누군가 슬쩍 빼내 팔아넘긴 것은 아니었을까요? 박병선 박사가 프랑스국립도서관에서 찾아낸 외규장각 의궤는 모두 297책입니다.

개연성 있는 의심이지만, 명백한 근거가 있는 것은 아니었습니다. 효명세자빈 책봉 죽책을 경매에 내놓은 이는 60대의 프랑스

매입으로 돌아온 문화재

인으로, 조부가 구입한 것을 보관해오고 있었다고 합니다. 그의 조부는 1930년대 파리에서 '막시마'라는 이름의 보석상을 운영하는 미술 수집가였으며, 당시 파리 고미술 시장에서 죽책을 구입했을 것이라고 하네요.

효명세자빈 책봉 죽책의 환수에 대한 논의가 시작되었습니다. 조선 왕실의 어보와 어책은 조선왕조의 품격과 높은 문화 수준을 보여주는 의례와 예술이 잘 드러나는 중요한 문화재이니까요. 2017년에는 유네스코 세계기록유산에도 등재되었습니다. 더군다나 병인양요 때 불타 영영 사라진 줄 알았던 죽책입니다. 돌려올 여러 가지 방법을 모색해보았지만, 개인의 소유물이 되어버린 죽책을 되찾아올 방도는 '매입'이 유일했습니다.

기업문화재지킴이, 환수의 힘이 되다

경매에 출품된 효명세자빈 책봉 죽책은 2018년 온라인 게임회사 라이엇게임즈의 후원을 통해 매입되어 국내로 돌아왔습니다. 라이엇게임즈는 우리 문화재의 보존과 활용 사업을 전폭적으로 후원해온 기업입니다. 오랫동안 문화재청과 협약을 맺어 기업문화재지킴이로 활동해왔습니다. 문화재청은 개인 및 단체, 기업 등이 문화재 보호 및 후원 활동에 참여할 수 있도록 문화재지킴이 제도를 운영하고 있습니다. 라이엇게임즈는 2013년 미국 버지니아주 허미티지박물관에 있던 조선시대 불화 〈석가삼존도〉 환수에도 기여한 바 있습니다. 라이엇게임즈가 허미티지박물관을 후원하고 국외소재

**죽책을 조사하는
모습**

죽책을 인수하기 전
실물을 확인하고 최종
상태를 점검하고 있다.

문화재재단이 박물관으로부터 석가삼존도를 기증받았습니다.

2017년 6월 재단이 프랑스 경매소의 도록에서 죽책을 발견한 것을 시작으로, 유물의 확인 작업, 환수 여부 결정을 위한 전문가들의 자문, 기업의 후원 연결에 이르기까지 효명세자빈 책봉 죽책 환수 작업은 빠르게 진행되었습니다. 마침내 2018년 1월 효명세자빈 책봉 죽책이 돌아왔습니다. 외국에서 왕실의 의례용 도장인 어보가 돌아온 적은 있지만, 어책이 돌아온 것은 처음입니다.

효명세자빈 책봉 죽책은 6첩으로 이루어졌으며, 각 쪽의 크기는 가로 17.5센티미터, 세로 25센티미터입니다. 문장은 우의정 남공철1760~1840이 지었고 글씨는 서사관 이만수1752~1820가 썼습니다. 원래는 죽책에 글자를 새긴 후 글씨마다 금니를 입혔던 것으로 보이나, 현재는 금니가 대부분 벗겨진 상태입니다. 효명세자빈 책봉 죽책은 국립고궁박물관이 소장하고 있습니다.

미국 경매 출품

덕온공주 동제 인장

효명세자빈 책봉 죽책 환수가 마무리될 무렵이었습니다. 2018년 초 국외소재문화재재단이 알고 지내던 해외 관계자로부터 연락을 받았습니다. 4월 뉴욕에서 열리는 경매에 동물 모양의 동제 인장 한 점이 출품될 예정이라는 소식이었습니다. 손잡이에는 사자 모양의 동물이 생동감 있게 조각되어 있고, 인장에는 '덕온공주지인 德溫公主之印'이라는 글씨가 새겨져 있었습니다.

덕온공주는 조선 23대 왕 순조와 순원왕후 사이에서 태어난 셋째 딸입니다. 효명세자의 동생입니다. 효명세자빈 곧 신정왕후와는 시누이와 올케 사이가 됩니다. 덕온공주가 태어난 1822년은 큰오빠인 효명세자가 14세로 이미 혼인하여 올케언니가 된 효명세자빈, 언니인 명온공주, 복온공주, 이복 언니인 영온옹주까지 있었으니, 왕실이 한창 다복한 시절이지 않았을까 짐작해봅니다.

문학과 예술에 관심 많고 재능도 뛰어났던 효명세자는 세 명의 여동생에 대한 각별한 마음을 담은 〈삼매연림三妹連林〉이란 글에서 "덕온이는 성격이 총혜하고 기골이 청명한데 하루 종일 말없이 조용히 앉아 있다"고 묘사했습니다. 총명하고 슬기롭지만, 조용하고 차분한 성품의 덕온공주를 떠올려봅니다. 그러나 덕온공주는 안타깝게도 23세의 나이로 요절합니다. 윤씨 집안으로 하가下嫁, 공주가 사대부 집안으로 시집을 감하여 윤의선1823~1887과 혼인하였으나 후사를 남기지 않았고, 윤용구를 양자로 들입니다.

덕온공주 동제 인장

조선 1829~1844년 추정, 8.6×8.6cm, 국립고궁박물관 소장.
해치 모양의 손잡이 조각이 생동감 있다. 2018년 미국 경매에서 매입하여 국내로 들여왔다.

　　정실 왕비가 낳은 딸을 공주라 하니, 덕온공주는 조선왕조의 마지막 공주입니다. 공주의 인장이 남아 있는 예는 극히 드뭅니다. 재단은 신속하게 자료 조사부터 시작, 심층적 분석과 검토 작업에 들어갔습니다. 인장, 금속공예, 조선 왕실 등 각계 전문가들의 의견을 종합하여 반드시 환수가 필요하다는 결론에 도달했지요. 실물 조사까지 마친 뒤 경매에서 경합 끝에 낙찰을 받는 데 성공했고, 경매 출품 한 달 만에 국내로 들여올 수 있었습니다. 덕온공주 동제 인장은 국립고궁박물관이 소장하고 있습니다.

　　비슷한 시기 한 궁궐에서 일생을 보냈던 두 왕실 여인, 시누이와 올케 사이인 효명세자빈과 덕온공주 관련 유품이 150년 가까이 외국을 떠돌다 2018년 같은 해 다시 고국의 품에 안긴 것을 생각하면, 우연일 수도 있지만 기묘한 인연이 아닐까 상상하게 됩니다.

조선 왕실의 한글 문화

덕온공주 집안 한글 자료

드라마 같은 상상일지라도 이를 더 실감나게 하는 인연이 또다시 만들어졌습니다. 덕온공주 동제 인장이 돌아온 그해 10월 재단은 국립한글박물관 관계자로부터 덕온공주 집안의 한글 자료가 미국에 있다는 정보를 들었습니다.

덕온공주, 덕온공주의 양자인 윤용구尹用求, 1853~1939, 윤용구의 딸 윤백영尹伯榮, 1888~1986 3대에 걸쳐 덕온공주 집안이 간직해온 자료입니다. 어머니인 순원왕후순조비를 비롯하여 신정왕후효명세자빈, 추존왕 문조비, 명헌왕후헌종계비, 철인왕후철종비, 명성황후고종비 등 왕실 가족들로부터 받아 보관해온 편지들도 있고, 덕온공주 집안에서 보관해온 각종 한글과 한문 서책 등이 있었습니다.

이 중에는 덕온공주가 한글로 옮겨 쓴 《자경전기慈慶殿記》의 사연이 각별합니다. 자경전은 덕온공주의 할아버지 정조가 어머니 혜경궁 홍씨를 잘 모시기 위해 창경궁 안에 지은 전각입니다. 그러나 혜경궁 홍씨는 정조의 비 효의왕후에게 자경전에서 지내도록 양보하고, 효의왕후는 아들 순조에게 《자경전기》한문본를 쓰게 하였지요. 그리고 순조의 비 순원왕후는 딸 덕온공주에게 아버지 순조가 지은 한문본 《자경전기》를 한글로 옮겨 적도록 했습니다. 《자경전기》를 통해 정조, 순조, 덕온공주로 이어지는 3대를 오간 마음이 고스란히 느껴집니다.

왕실 가족들이 서로 주고받은 편지들도 역시 한글로 쓰여 눈

《자경전기》 한글본

조선 1808년, 종이에 먹,
각 면 32.0×11.3cm,
총길이 543.0cm,
국립한글박물관 소장.
순조가 한문으로
쓴 《자경전기》를
덕온공주가 아름다운
한글 궁체로 길이
5미터가 넘는 종이에
정성스레 옮겨 적었다.

길을 끌었습니다. 수시로 가족의 안부를 묻고 일상의 고락을 함께 나누는 정은 왕가에서도 마찬가지였습니다. 이해하기 쉬운 한글인 데다, 글씨체가 정갈하여 그 마음에 더 공감할 수 있었습니다. 본인이 직접 쓴 편지도 있지만 상궁이 대필하여 보내온 편지도 있습니다. 조선 최고의 한글 명필로 알려진 궁중여성 이씨가 대필한 편지도 있어 사료적 가치가 큰 것으로 평가됩니다.

윤백영의 서예 작품도 매우 곱습니다. 윤백영은 한글궁체로 쓴 서예 작품으로 조선미술전람회에서 처음 입선하여, 한글궁체를 현대적 예술작품으로 승화시켰다는 평가를 받습니다.

재단은 즉시 소장자에게 연락하여 협상 후 2018년 11월 '덕온

매입으로 돌아온 문화재

공주 집안 한글 자료' 68점을 매입해 국내로 들여왔습니다. 덕온공주 집안의 한글 자료들이 언론을 통해 공개되자, 덕온공주의 사연은 물론이요, 유려한 한글 글씨체가 화제를 불러일으켰습니다. 국립한글박물관은 2019년 4월 기획특별전 〈공쥬, 글시 덕으시니: 덕온공주 집안 3대 한글 유산〉을 개최, 덕온공주 집안의 한글 자료를 조명했습니다. 박물관이 특별히 펼쳐 전시한 덕온공주의 《자경전기》에는 조선 왕실 사람들의 밝고 정갈하고 따뜻한 기운이 굽이굽이 흐르는 듯했습니다.

효명세자빈 책봉 죽책·덕온공주 동제 인장·덕온공주 집안 한글 자료

참고 문헌

저서

국외소재문화재재단, 《경남대학교 데라우치문고 간찰 속의 조선시대》, 사회평론아카데미, 2014.

_____, 《경남대학교 데라우치문고 조선시대 서화》, 사회평론아카데미, 2014.

_____, 《국외 우리문화재 이야기》, 혜화1117, 2019.

_____, 《이선제 묘지 귀향 이야기》, 눌와, 2018.

_____, 《주미대한제국공사관 복원 보고서》, 반하나프로젝트, 2019.

김정동, 《하늘 아래 도시 땅 위의 건축 2-서양으로 가는 길》, 가람기획, 1998.

문화재청, 《수난의 문화재》, 눌와, 2008.

박보균, 《살아 숨쉬는 미국역사》, 랜덤하우스코리아, 2005.

박정양, 《미행일기》, 푸른역사, 2014.

박정혜, 《조선시대 궁중기록화 연구》, 일지사, 2000.

속초시문화재제자리찾기위원회, 《환지본처, 신흥사 영산회상도》, 눌와, 2020.

아라이 신이치 지음, 이태진·김은주 옮김, 《약탈 문화재는 누구의 것인가》, 태학사, 2014.

안휘준, 《청출어람의 한국미술》, 사회평론, 2010.

유복렬, 《돌아온 외규장각 의궤와 외교관 이야기》, 눌와, 2013.

유홍준, 《국보순례》, 눌와, 2011.

_____, 《완당평전》, 학고재, 2002.

이구열, 《한국문화재 수난사》, 돌베개, 1996.

이상재, 《미국공사왕복수록》, 국외소재문화재재단, 2019.

이성낙, 《초상화에 그려진 선비정신》, 눌와, 2018.

이순우, 《제자리를 떠난 문화재에 관한 조사보고서 하나》, 하늘재, 2002.

이인수, 《이 땅의 이름들》, 이천문화원, 2008.

이태진, 《왕조의 유산 외규장각도서를 찾아서》, 지식산업사, 2010.

정규홍, 《우리 문화재 반출사》, 학연문화사, 2012.

조원교, 《삶과 죽음의 이야기-조선묘지명》, 국립중앙박물관, 2011.

천혜봉, 《한국 서지학》, 민음사, 1991.

청주고인쇄박물관, 《직지》, 태학사, 2008.

최완수, 《진경산수화》, 범우사, 1993.

황수영, 《한국의 불교미술》, 동국역경원, 2005.

도록

《겨레와 함께 한 국립박물관 60년》, 국립중앙박물관, 2005.

《경남대박물관 소장 〈데라우치문고〉 보물-시詩, 서書, 화畫에 깃든 조선의 마음》,
　　예술의전당 서울서예박물관·경남대학교 박물관, 2006.

《국립고궁박물관 전시안내도록》, 국립고궁박물관, 2010.

《국립진주박물관》, 국립진주박물관, 2012.

《나라 밖 문화재의 여정》, 국립고궁박물관, 2022.

《덕온공주가의 한글 1》, 국립한글박물관, 2019.

우리 품에 돌아온 문화재

《덕온공주가의 한글 2》, 국립한글박물관, 2020.
《독일 상트 오틸리엔수도원 선교박물관 소장 한국문화재》, 국외소재문화재재단, 2019.
《되찾은 문화재 되살린 문화재》, 불교중앙박물관, 2012.
《세한》, 국립중앙박물관, 2020.
《수자기帥字旗-136년 만의 귀환》, 국립고궁박물관, 2008.
《양산부부총-백년만의 귀환》, 양산유물전시관, 2013.
《오구라 컬렉션 한국문화재》, 국립문화재연구소, 2005.
《왕궁의 보물》, 국립고궁박물관, 예맥출판사, 2005.
《왜관수도원으로 돌아온 겸재정선화첩》, 국외소재문화재재단, 2013.
《자주외교와 한미우호의 상징, 주미대한제국공사관》, 국외소재문화재재단, 2019.
《조선 왕실과 대한제국 황실 어보》, 국립고궁박물관, 2019.
《조선왕실의 어보 1》, 문화재청·국립고궁박물관, 2010.
《조선의 공신》, 한국학중앙연구원 장서각 특별전 도록, 2012.
《초상화의 비밀》, 국립중앙박물관, 2011.
《추사글씨 귀향전-후지츠카 기증 추사 자료전》, 과천시·경기문화재단, 2006.
《한국의 국보-회화/조각》, 문화재청, 2007.
《한미우호의 요람, 주미대한제국공사관》, 국외소재문화재재단, 2014.
《환수문화재 조사보고서》, 국립문화재연구소, 2012.
《후지츠카의 추사연구자료-후지츠카 기증 추사자료전 III》, 과천문화원, 2008.

도판 출처

LA카운티미술관 61, 64쪽   강화군 184, 188쪽   경기문화재단 20~22쪽   경남대학교박물관 27, 34, 36, 37, 39쪽   경향신문 202쪽   고려대학교박물관 165쪽   국가기록원 148, 155쪽   국립고궁박물관 94, 187(위), 191, 197, 217, 221~226, 229, 234, 236, 237, 239, 241, 301~303, 310쪽   국립광주박물관 41, 52쪽   국립문화재연구원 71, 76, 77, 112, 159쪽   국립중앙박물관 10~11, 16, 18, 24, 25, 89, 96, 98, 99, 147, 149~151, 153, 199, 244, 285~287, 292~294, 305쪽   국립진주박물관 247, 252~253쪽   국립한글박물관 312쪽   국외소재문화재재단 42, 44, 50, 54, 55, 82, 84, 85, 90, 93, 140, 141, 143, 238, 265, 266, 269~271, 273, 277, 280~283, 296~298, 307, 308쪽   김성철 14, 103, 250~251쪽   김정동 111쪽   눌와 58, 104쪽   뉴스뱅크이미지 213쪽   대한불교조계종 총무원 57, 70쪽   문화재청 105, 106, 108, 109, 115, 117, 119, 120, 122, 123, 158, 163, 177, 183, 201, 203, 205(오른쪽), 254쪽   불교중앙박물관 180, 255쪽   서울대학교 규장각한국학연구원 205(왼쪽), 242, 249쪽   속초시립박물관 68, 69쪽   아산 현충사 258쪽   어진박물관 290쪽   에릭 스완슨 91, 100쪽   연합뉴스 9, 176, 207, 231, 260쪽   왜관수도원 131, 135~137쪽   월간서예 29쪽   유복렬 212쪽   유준영 138쪽   육군박물관 193쪽   인천시립박물관 195쪽   일본 덴리대학 263쪽   일본 도쿄국립박물관 157쪽   정재문화재보존연구소 63쪽   직지사성보박물관 167쪽   청주고인쇄박물관 215쪽   초산 스님 173, 174쪽   충청남도역사박물관 73, 75, 79쪽   평창군 127쪽   픽스타 169쪽   한국이민사박물관 274쪽

우리 품에 돌아온 문화재

기획	국외소재문화재재단
주소	서울특별시 마포구 월드컵북로 396 누리꿈스퀘어 비즈니스타워 7층
전화	02-6902-0756
홈페이지	www.overseaschf.or.kr
총괄	국외소재문화재재단 지원활용부
글	박종분
초판 1쇄 발행	2013년 12월 30일
개정판 1쇄 발행	2022년 11월 30일
엮은이	국외소재문화재재단
펴낸이	김효형
펴낸곳	(주)눌와
등록번호	1999. 7. 26. 제10-1795호
주소	서울특별시 마포구 월드컵북로16길 51, 2층
전화	02-3143-4633
팩스	02-3143-4631
페이스북	www.facebook.com/nulwabook
블로그	blog.naver.com/nulwa
전자우편	nulwa@naver.com
책임편집	김선미
표지·본문 디자인	엄희란
편집	김지수 임준호 김선미
디자인	엄희란
제작진행	공간
인쇄	더블비
제본	대흥제책

ISBN 979-11-89074-55-5 03900
ⓒ 국외소재문화재재단, 2022